맛있는 공부

맛있는 공부

이만기 · 윤혁 · 한석현 지음

초판 1쇄 인쇄 | 2006년 1월 5일
초판 1쇄 발행 | 2006년 1월 10일

발행처 | 도서출판 작은씨앗
공급처 | 도서출판 보보스
발행인 | 김경용
책임편집 | 이정

등록번호 | 제 300-2004-187호
등록일자 | 2003년 6월 24일

서울특별시 종로구 사직동 262-8 3층
전화 02-333-3773   팩스 02-735-3779
홈페이지 | www.bobosbook.co.kr
한글 도메인 | 작은씨앗

ISBN 89-90787-31-9 03370

잘못된 책은 구입하신 서점에서 바꾸어 드립니다.

맛있는 공부

최고 강사들이 알려주는 국영수 단계별 완성법

이만기 · 윤혁 · 한석현 선생님 지음

제가 좋아하는 말 가운데 자득(自得)이란 말이 있습니다. 이는 한자의 뜻 그대로 '스스로 깨달아 얻음', '스스로 마음에 흡족하게 여김'입니다. 공부는 특히 이것이 중요하다고 생각합니다. 앞의 풀이가 과정이라면 뒤의 풀이는 결과지요. 이렇게 한 단어의 뜻이 오묘한 진리를 내포하고 있습니다.

공부 중에서도 특히 '언어', '논술' 공부는 이러합니다. 즉, 남이 가르쳐주어서 아는 것이 아니라 스스로 깨치면서 하는 것이 언어공부입니다. 법칙이나 요령, 공식은 아무 소용이 없습니다. 공부에 모든 법칙이나 요령이, 공식이 통하는 것도 아니고, 그래서는 머리에 깊이 새겨넣을 수 없습니다. 또 자업자득(自業自得)이란 말도 있습니다. '제가 저지른 일로 하여 스스로 그 결과를 받음'이란 의미인데, 주로 부정적으로 쓰입니다. 이 말도 또한 공부에 해당됩니다. 스스로 열심히 하지 않으면 결국 그 대가를 받게 됩니다.

열심히 하셔야 합니다. 이제 여러분은 정말 중요한 시기에 섰습니다. '자득'해서 좋은 결과 이루시고, 놀다가 '자업자득'하지 말기 바랍니다. 다시 한 번 말하지만 언어 논술 공부에서 현란한 수사로 공식이나 법칙, 요령을 말하는 것은 다 허상입니다. 현란한 수사보다는 차근차근 어휘력을 기르고, 장르적인 지식을 익혀서 지문을 꼼꼼히 읽어 나가는 것이 최선입니다.

자신만의 효과적인 학습전략

수학 ─ 한석현 선생님

많은 사람들이 입시제도가 변할 때마다, 교육은 백년대계이므로 입시제도를 변화시키기 위해서는 오랜 기간 동안 신중함과 많은 검증이 필요하다고 말합니다. 하지만 효과적인 학생선발을 이유로 교육제도는 끊임없이 변화되고 있습니다. 입시제도가 변화할 때마다 많은 수험생과 학부모님들은 당황하여 새로운 입시 정보를 습득하기 위해 노력을 기울였으며, 습득한 많은 정보의 효과적인 정보 활용법에 대하여 의문을 가져왔습니다.

시시각각 변하는 입시제도에 효과적으로 대비하기 위하여 수험생과 학부모님은 많은 정보의 습득보다는 시험을 대비하는 수험생의 확고한 꿈과 목표, 이 목표를 이루기 위해 올바른 학습전략이 더욱 중요하다는 것을 인식하여야 합니다. 꿈과 목표가 확실한 학생들은 급변하는 입시제도 속에서도 효과적인 학습전략으로 자신의 미래에 대한 계획을 훨씬 수월하게 세우게 됩니다.

이 책을 읽기 전에 자신의 미래에 대한 계획이 불확실한 학생들의 경우는 자신이 원하는 것과 자신의 목표에 대하여 심각하게 고민한 후, 자신만의 효과적인 학습전략 방향을 세우기 위한 자료로 이 책을 활용하기 바랍니다.

움츠림보다는 당당함이 필요

영어 | 윤혁 선생님

입시영어선생이 된지도 10년이 훌쩍 넘었습니다. 칠판 앞에 서서 보낸 그만큼의 시간이 저에게 가르쳐준 것은, 무엇인가 이루기위해, 자신이 간절히 원하는 그 무엇인가를 얻기 위해 그만큼의 희생이 있어야 한다는 것입니다. 당장 우리에게 다가오고 있는 말들을 생각해 봅시다. 고등학교입학, 내신, 고3. 입시, 합격, 대학, 이러한 말들은 우리가 진심으로 얻고 싶은 것이면서도 또한 고통, 인내, 좌절 따위를 포함한 것입니다. 회피보단 극복이, 움츠림보단 당당함이 더 필요할 것입니다.

그러나 글을 쓰는 이 순간 입시를 앞둔 학생들에게 '학습에 있어 무엇이 가장 우선일까요'라는 질문에 가장 먼저 떠오르는 말은 진지함입니다. 고등학교 3년은 길다 짧다 말할 수 없는 것입니다. 어떤이에겐 너무나도 짧은 시간일 것이고 또 누군가에겐 긴 시간이겠죠. 시간은 그냥 있는 것이고 우리는 느낄뿐입니다. 그 시간을 어떻게 느낄것인가는 여러분의 몫이죠. 입시준비하며 강의를 듣고 책을 보며 문제를 푸는 순간순간 스쳐가는 시간을 길게 쓸 수 있는 유일한 도구는 진지함뿐입니다. 건성건성 지나쳐버린 그 시간의 내용들이 시험장에서 우리를 괴롭힐 것입니다.

진지하게 성의를 다하여 공부합시다. 반드시 여러분은 성공할 것이고 또한 인내한 만큼의 대가를 얻게 될 것입니다.

차례

1단계

시작은
반이다!!
천리길도
한걸음
부터

2단계

no pain,
no gain!!!

3단계

인내는 쓰다,
고로 열매는
달다

선배들의 공부방법

1 단계

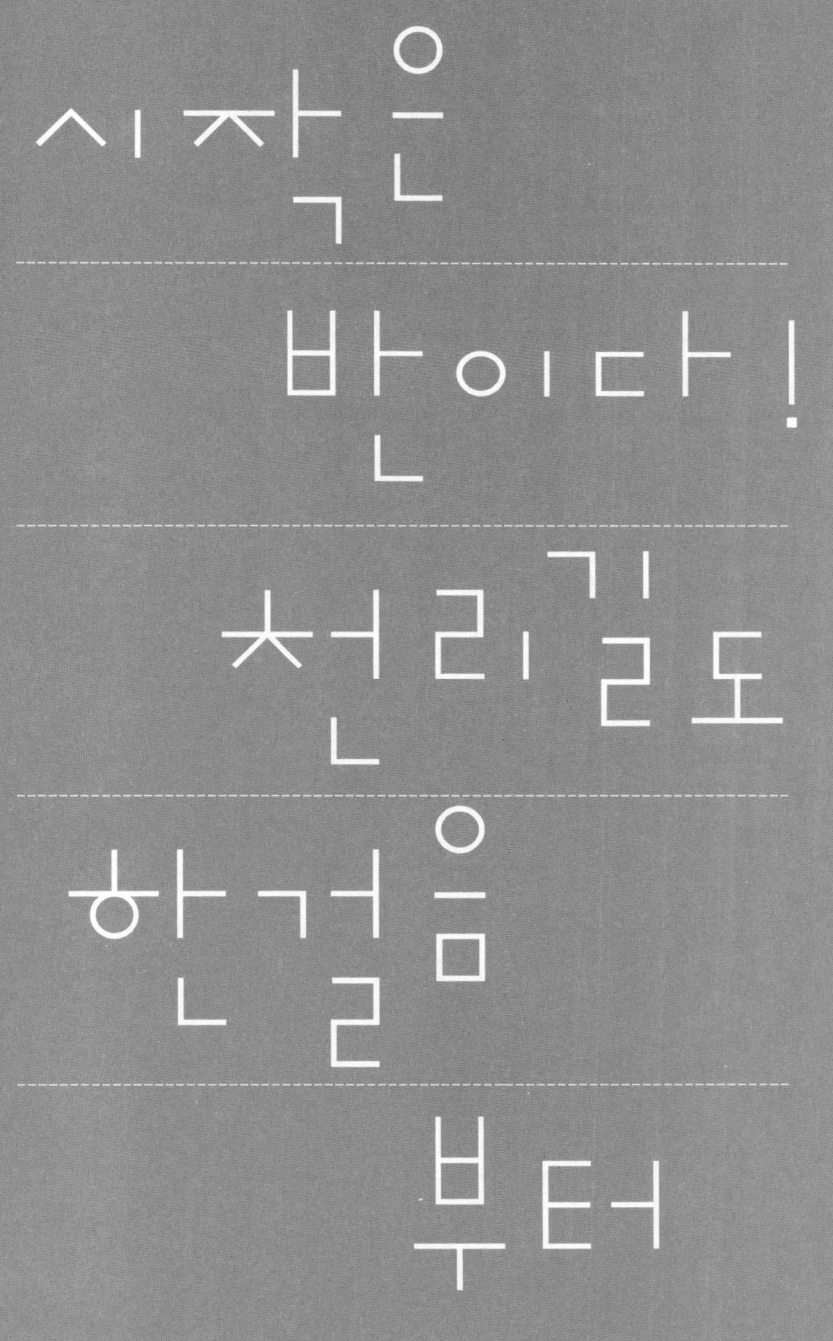

예비 고1 학생에게 방학의 중요성—특히 겨울방학—이 '정말' 중요한 시기임은 두말할 필요도 없다. 본격적으로 대입을 준비하는 새로운 학교에 진학하기도 하지만, 무엇보다도 변경된 '2008년 입시안'의 원년에 해당하는 학생들이기 때문이다. 예비 고1생들은 '내신비중 확대·수능비중 축소'라는 새입시제도 때문에 내신의 대한 부담이 매우 커서 선행학습에 대한 욕구도 클 것이다. 또한 2005년부터 교육부를 중심으로 독서매뉴얼을 개발하고 각 학교에서 독서지도를 강화한다는 방침이어서 유달리 독서에 대한 부담감이 있을 것이다. 그렇다면 예비 고1은 어떻게 국어공부를 해야 할까?

예비 고1 방학 3대 목표

1. 중학과정 교과내용 복습하기
2. 중·고등학교 기초한자 1,800자 외우기
3. 한국 대표 문학 작품 골라 읽기

01 책, 책, 책을 읽자!!

독서(讀書)가 중요하다고 하지만 매번 방학마다 책을 많이 읽으라는 주문은 너무 막연하다. 또 독서를 할 때, 단순히 책을 읽고 줄거리를 암기하는 것만으로는 의미가 없다.

우선 독서노트의 사용이 필요하다. 주어진 대표적인 목록 중 관심 있는 것을 골라 읽으면서 떠오른 자기의 경험과 생각과 느낌을 간단히 적는 것이다. 물론 책을 읽고 그 내용을 찬찬히 정리하는 것은 기본이다. 문학 작품이라면 인물의 삶과 갈등, 리듬과 비유, 풍자와 아이러니 등을, 비문학이라면 문단의 주제와 함께 글의 짜임, 진술 방식 등을 기록해야 한다. 그래야 전략적 독서가 된다. 이것을 여건이 허락하는 한 지속적으로 해야 한다.

참고
● 서울대 선정 도서목록 100선(p132)

02 중학교 공부의 복습과 다지기가 관건이다.

사실 고교과정과 중학과정의 국어 공부는 크게 다르지 않다. 대체로 고교과정이 문학 작품 선택의 폭이 넓고 깊을 따름이지 기본적인 지식이나 흐름은 같다. 그것은 중학교 3학년 정도의 학생이 대학수학능력시험 언어영역을 풀어낼 수 있고, 고1 학생이 중학과정의 학업성취도 평가 문제를 어려워하는 것을 보면 알 수 있다.

한 예로 고등학교 문학 교과서에서 매우 중요하게 다루어지는 조세희의 '난쟁이가 쏘아 올린 작은 공'이 이미 중학교 교과서에 나온다. 이는 1970년대 도시화의 과정에서 철거민이 되어버린 빈민 가족의 생활상을 그린 작품으로 각종 문학 교과서에서 비중 있게 다루어지고 있다. 그리고 실생활적이고 창의적인 사고를 지향하는 고등학교의 '국어생활'이란 교과서가 있는데, 이미 중학교에서는 이와 비슷한 내용을 '생활국어'라 하여 학습을 하였다.

그러므로 예비 고1의 겨울방학은 고교과정의 선행학습을 욕심내기보다는 중학과정에서 배운 국어지식이나 작품에 대한 이해 등을 단단히 복습을 하는 것이 효율적이다. 문법적 지식, 문학 장르적 지

식, 독해의 기본 지식, 작문의 기초 등을 꼼꼼히 복습하면 된다. 그
후에 서점에 가서 고등학교 '국어(상, 하)'교과서나 '문학'교과서를
가볍게 읽어보면, 그런 지식들이 '알아두기'나 '준비학습' 등에 잘
나오는 것을 확인할 수 있다. 그러면 이미 중학 과정 복습으로 고등
학교 선행학습을 한 셈이 된다.

03 기초한자 1,800자를 공부해야 한다.

국어 공부의 기본은 어휘력이고, 우리말은 50%이상이 한자어로 이루어져 있다. 그러므로 국어 공부에 있어서 한자 혹은 한자어의 학습은 꽤 위력이 있다. 예비 고1은 이 시기에 어휘공부를 집중적으로 해야 하는데, 비단 수능에서 제2외국어로 '한문(漢文)'을 택하지 않는다고 하더라도 기초한자를 공부하면 어휘학습을 저절로 이루어진다고 할 수 있다.

국어 내신 공부나 대수능 언어영역 준비의 경우, 우선 기초적인 어휘의 의미와 글 전체의 내용을 정확하게 이해하는 능력이 요구된다. 이때에 중ㆍ고등학교 기초한자 1,800자 등을 이용해 공부하는 것이 유리하다. 기초한자를 학습하면 굳이 국어사전을 찾지 않아도 아는 한자 지식으로 생소한 낱말의 뜻을 추리할 수 있다.

그리고 한자어들은 고유어보다 더 구체적이면서 분화된 의미를 나타내기 때문에 독해나 논술에도 효율적으로 쓰일 수가 있는 것이다. 그러므로 하루에 일정량을 정하여 기초한자를 암기하고 써보는 공부를 반드시 해야 한다. 물론 한자로 이루어진 고사성어의 학습을 병행해야 한다. 한자성어나 기초한자는 인터넷 등에서 내려 받아도 되고, 시중에 출간된 책을 이용해 학습해도 된다.

앞으로의 공부는 대체로 교양서적이나 문학 작품의 독서나 중학과정 복습, 기초한자 1,800자의 공부가 마무리되면 1년 계획을 세워 공부해야 한다. 고등학교에 진학하게 되면 우선은 국어 내신공부에 비중을 두어야 한다. 2008년 입시에는 내신이 중요하므로 일단은 내신에서 우수한 성적을 받아두어야 한다.

그러기 위해서는 수능에는 지문으로 나오지 않지만 '국어(상, 하)' 교과서에 대한 학습을 철저히 해야 하는데, 지문의 세밀한 독해와 함께 주로 학생활동으로 제시되어 있는 '학습활동'을 완전 학습해야 한다. 학생 스스로가 답을 찾아보고 이를 단원의 알아두기와 함께 연결 지어 보는 것이 필요하다. 필요하다면 참고서 등을 보는 것도 좋다.

더불어 방학 때는 교과서에 언급된 현대 작가들의 여타 작품을 읽어 정리하거나, 고전문학을 선행 학습해야 한다. 고전의 경우 '국어(상, 하)'에 나오기도 하지만 주로 2학년에 올라가서 주로 학습하게 되는데, 고전문학처럼 선행학습의 효과가 높은 것도 드물다. 고전은 고어(古語)로 이루어져서 내용은 고사하고 읽기도 어려운 면이 있기 때문이다. 성적이 어느 정도 나오는 고1이라면 고등학교 18종 문학 자습서 등을 미리 구입하여 고전 작품의 내용이라도 파악하는 것이 많은 도움이 된다.

고등학교 1년 시기별 국어 공부 단계표

1~2월
기초한자 외우기, 중학과정복습, 대표작 독서

3~4월
국어(상, 하) 학습

5~6월
중간고사 대비, 시도교육청 모의고사 대비

7~8월
기말고사 대비,
교과서수록작가문학작품 읽기(현대문학)

9~10월
중간고사대비, 시도교육청 모의고사 대비

11~12월
기말고사 대비, 고전작품 선행학습 시작

1~2월
고전작품학습, 현대문학작품학습
수능유형별 정리

평상시
신문 구독하여 읽기(종이신문 2종이상), TV
매체비평이나 토론 프로그램 시청하기, 일기 쓰기,
시사주간지 읽기, 국어(상, 하) 학습하기

"선행학습과 심화 학습이 1등급의 열쇠다"

예비 고1 학생들은 고등학교 진학을 앞두고 입시 제도의 변화로 인해 혼란과 두려움 속에 있을 것이다. 2008학년도 대학입시는 현행 입시제도와 비교해 볼 때 세 가지 특징이 있다.

첫째, 내신등급제로 학교 내신 시험의 난이도가 높아진다. 둘째, 수능등급제로 수능의 비중이 작아졌다 하더라도 부담은 변함이 없다. 셋째, 선발고사로서의 수능이 약화됨에 따라 대학별 시험이 치러질 가능성이 높다는 것이다.

예비 고1이 2008학년도 대입에서 성공하기 위해서는 예비 고2, 3과는 달리 내신과 수능, 대학별 시험을 연계해 동시에 대비해야 한다. 그렇다면 어떻게 학습계획을 세워야 할까?

05 1학기 중간고사 준비는 겨울방학에 끝내라.

예비 고1들은 1학기 중간고사가 첫 번째 입시라고 생각해야 한다. 한 번 정해진 내신 성적은 결코 바꿀 수 없기 때문에 겨울방학 동안 중간고사를 대비하기 위해 철저히 준비해야 한다.

대부분 학생들은 중간고사 성적이 겨울 방학에 얼마만큼 선행 학습을 하였느냐에 따라 결정된다는 것은 알고 있다. 또 실질적인 중간고사 준비는 3, 4월에 문제풀이를 통해 가능하다고 생각한다. 그러나 고등학교에 입학 후 달라진 학교생활에 적응해야 하는 3, 4월에는 충분한 문제 연습을 하는 것이 현실적으로 불가능하다. 때문에 겨울방학 동안 단순히 개념정리만 하면서 진도를 나간 학생들은 수학 1등급을 보장할 수 없다. 고득점을 위해서는 방학 동안 개념다지기를 위한 문제연습은 물론, 난이도가 높은 실전 문제에 대한 연습까지도 반드시 끝내야 한다.

예비 고1 방학 수학 학습방법 1
- 교과과정에 있는 모든 공식의 유도 과정을 반드시 익힌다.
- 교과서 또는 문제집에 나오는 증명문제도 피하지 말고 푼다.
- 종합적인 사고력을 필요로 하는 수능 4점 문제, 기출 대학별고사문제, 교과서 심화학습문제들도 푼다.

06 심화학습은 필수이다.

내신 1등급에 해당하는 상위 4%를 선별하기 위해서 학교 내신 시험은 과거와 달리 난이도가 높아질 것이 확실하다. 내신 성적은 단순히 등급만 주어지는 것이 아니고 평균과 표준편차가 같이 주어진다. 대학에서는 내신 등급만을 활용할 수도 있지만, 대부분 평균과 표준편차를 이용하여 산출한 표준점수를 전형 자료로 활용할 가능성이 매우 높다. 이 때 내신 시험이 어려울수록 상위권 학생들의 표준점수는 높게 나오고, 상위권 대학으로의 진학률이 높아지기 때문에 각 고등학교에서는 내신 시험의 난이도를 높일 수밖에 없다.

또한 2008학년도 입시부터는 대부분의 대학에서 대학별 시험이 치러질 가능성이 매우 높다. 지금도 몇몇 상위권 대학에서는 '구술 면접', '수리논술', '학업적성평가' 등으로 대학별 시험을 보고 있다. 문제의 난이도가 대부분 과거 대학별 본고사의 수준이므로 급하게 몇 개월 준비해서는 좋은 성적을 낼 수 없다. 따라서 내신과 대학별 시험을 대비하기 위한 심화학습을 꾸준히 해야 할 것이다.

예비 고1 방학 수학 학습방법 2
- '수학 10-가'는 개념학습과 실전문제 연습까지 끝낸다.
- '수학 10-나'는 개념학습과 교과서에 있는 기본문제 연습까지 끝낸다.

06 자기만의 수학학습법을 만들어라.

수학점수가 좋지 않은 대부분의 학생들을 보면 학습방법이 잘못 되었거나, 학습방법이 왜 필요한지조차 모르는 경우가 많다.

중학교 수학과 비교할 수 없을 정도로 교과 내용이 많아진 고등학교 수학에서는 외워야 할 공식도 많고, 풀어야 할 문제도 많다. 중학교 때의 학습방법으로는 그 많은 내용을 모두 소화할 수 없기 때문에 고등학교에 올라가기 전, 자신의 학습방법을 전반적으로 검토해보고 자신만의 학습법을 만드는 것이 필요하다. 이 때 단원별 학습계획 세우기, 학습 순서 정하기, 문제해결 방법 익히기, 수학노트 만들기 등 네 가지 원칙을 꼭 익히도록 한다.

예비 고1 방학 학습방법 3
- 단원별 학습계획 세우기 :
  수준에 맞는 교재 선정 월간 · 주간 학습 계획 세우기, 일일학습 시간표 작성
- 학습 순서 정하기 :
  단원별 개념 학습 교과서 문제연습 문제집을 통한 응용문제 연습
  문제풀이를 통한 확인 학습 후 부족한 개념 복습
- 문제해결 방법 익히기 :
  [문제풀이 4단계] 문제의 이해 풀이의 계획 실행 반성
- 수학노트 만들기 :
  단원별 개념 학습 시 핵심적인 공식 요약 문제 연습 시 오답노트 만들기

실수에서 정의된 함수 $f(x)$가 임의의 실수 x에 대하여
$f(\cos x) = \sin 6x$를 만족할 때, $f(\sin x)$를 구하면?

내가 틀린 문제만이 나를 강하게 한다!!

8. 다음 그림과 같은 △ABC에서 변 AB의 중점 M에 대하여 ∠ACM = α, ∠BCM = β라 한다. 또 $\overline{AC} = 4$, $\overline{BC} = a$라 할 때, $\dfrac{a}{\sin \alpha}$의 최소값을 구하시오. [3점]

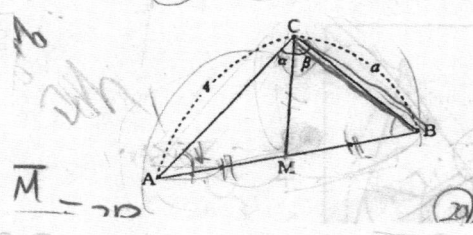

$$\underline{f(\cos x) = \sin 6x.}$$

$$f\left(\cos\left(\frac{\pi}{5} - x\right)\right) = f(\sin x)$$

$$= \sin 6\left(\frac{\pi}{2} - x\right)$$

$$= \sin(3\pi - 6x)$$

$$= \sin 6x$$

$$\therefore f(\sin x) = \sin 6x$$

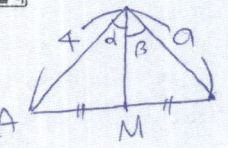

$$\triangle ABC = \triangle ACM + \triangle CMB$$

$$(\triangle ACM = \triangle CMB) \qquad \frac{a}{\sin \alpha} = ?$$

$$\frac{1}{2} 4a \sin(\alpha + \beta) = \frac{1}{2} 4 \overline{CM} \sin\alpha + \frac{1}{2} a \overline{CM} \sin\beta$$

$$4 \overline{CM} \sin\alpha = a \overline{CM} \sin\beta \qquad 4\sin\alpha = a \sin\beta$$

$$a = \frac{4\sin\alpha}{\sin\beta} \qquad \frac{\frac{4\sin\alpha}{\sin\beta}}{\sin\alpha} = \frac{4}{\sin\beta} \leftarrow \text{최대값} : 1$$

$$\therefore \text{④}$$

바 뀌는 입시, 부담스러운 출발, 무엇을 해야 할까?
등등이 올해 1학년이 되는 고등학생들이 자주
듣는 입시에 관련된 문구들일 것이다. 정말 2008학년
도부터 바뀌는 입시를 위해 무엇을 해야 할까? 보다 정
확하게 말해보면 3년 뒤 대학입시를 위해서 1학년때는
무엇을 하는 것이 가장 현명한 것이며, 또한 무엇을 먼
저하고 무엇을 나중에 하며 무엇을 우선시하여 학습하
는 것이 좋은 것인가? 모범답안이 없는 질문들이 계속
될 것이다. 하지만 단 하나의 모범답안이 없다 하더라
도 복수개의 좋은 답안들은 생각해 볼 수 있다. 나는 내
가 다시 고등학교 1학년이 된다면 2008학년도의 대학
입시를 대비하기 위해 다음과 같이 영어 학습을 할 것
이다.

윤혁선생의 예비 고1 학습 5계명

1. 영어단어는 매일 공부하겠다.
2. 많이 하기 보다는 정확히 하겠다.
3. 문법은 독해를 위해서 하겠다.
4. 입시에 도움이 안 되는 영어공부는 하지 않겠다.
5. 내신시험에 강자가 되겠다.

07 나는 하루도 빠짐없이 단어학습을
할 것이다.

단어학습은 영어공부의 시작이며 끝이다. 문법, 독해, 듣기, 말하기, 쓰기 무엇하나 단어 없이 이루어지는 것이 있던가? 하지만 가장 하기 싫고 하기도 어려운 것이 단어학습이다. 매일 한다고 하지만 학습의 발전이 눈에 가시적으로 나타나는 것도 아니고 점수가 매겨져 비교할 수 있는 것도 아니니 단어학습은 정말 지겹고 지루한 것임이 사실이다. 하지만 역설적으로 위에 열거한 이유 때문에 나는 단어공부를 열심히 할 것이다. 어렵고 지겨운 것일수록 열심히 해두면 반대급부 또한 대단하기 때문이다. 우리 주위에 영어 못하는 친구 중 영어단어 많이 아는 친구가 있던가? 절대로 없다. 내신을 위해서도 수능을 위해서도 또한 한층 어려워질 면접구술이나 논술시험의 영어지문의 독해를 위해서도 나는 영어단어를 열심히 공부할 것이다.

하지만 단어책 한권을 통째로 외우는 그런 미련한 짓은 하지 않을 것이다. 교과서 본문에서, 혹은 영어문제를 풀다가, 또는 시험보면서 모르는 단어가 나오면 반드시 나만의 단어공책에 정리해 두고 반복해 읽어볼 것이다. 고등학교 1학년을 제외하고 영어단어를 마음껏 외울 수 있는 시간은 아마 없을 것이다.

08 내신시험만점을 위해 나는 기출문제를 반드시 풀어볼 것이다.

내신시험을 위해 교과서에 나오는 단어 확실히 외우고 문법적 사항을 꼼꼼하게 점검하여 학습하고 그리고 우리반 영어 선생님 말고 다른반에 들어가시는 영어선생님이 수업시간에 강의하셨던 내용도 점검키 위해 다른반 친구에게 책을 빌려 노트해놓은 것 확인하기, 이런 것들은 내신만점을 위해서는 기본에 속하는 것이다. 마무리로 본문을 깔끔하게 암기하면 아마도 90점은 보장되겠지.

하지만 나머지 10점은 어떻게 할까? 해답은 기출문제에 있다. 아는 선배들을 통해 아니면 기출문제문제집을 구입해서라도 기출문제를 반드시 풀어볼 것이다. 운이 좋으면 일이년 사이에 나왔던 어려운 난이도의 문제도 비슷하게 출제되어 쉽게 풀 수도 있을 터이니 말이다.

09 문법은 독해에 도움이 되는 것만 하겠다.

명사편, 형용사편, 관사편 기타등등... 이렇게 품사론이 중심이 된 문법학습은 될 수 있으면 하지 않겠다. 문법은 고급의 지문을 정확하게 독해하는데 도움이 되는 내용을 중심으로 공부할 것이다. 따라서 품사론이 중심이 되는 형태문법 말고 동사편을 주로 학습하는 서술문법을 학습할 것이다. 2학년이나 3학년이 되어서 본격적으로 심층영어나 수능영어를 학습할 때에도 서술문법이 훨씬 도움이 될 것을 알기 때문이다. 내신에 출제되는 영역을 제외하고 형태문법은 현 시험제도에서는 별반 쓸모없다.

10 독해는 많이 하기 보다는 정확히 할 것이다.

문제를 많이 푼다고 좋은 것일까? 내 생각은 아니다. 1학년이라면 오히려 약간 어려운 영어지문이라도, 다소 시간이 걸린다 하더라도 정확하게 독해하는 연습을 하는 것이 좋다. 좋은 방법론은 무엇이 있을까? 전년도 각 대학의 면접구술이나 논술기출문제의 지문을 구하여 직접 연필을 들고 번역하여 써보는 것이 좋을 듯싶다. 써보면서 자신의 독해력을 점검해 보기도 하고 영작의 능력도 증가시킬 수 있어 일석 삼조의 효과를 가질 수 있다. 영자 신문의 사설이나 잡지 따위도 좋은 자료이겠지만 그 보다는 입시와 직접 연관성을 지닌 자료를 선택하는 것이 훨씬 기능적일 것이다.

9

다음 글의 흐름으로 보아 밑줄 친 부분을 고칠 필요가 있다면 가장 잘 고친 것은?

기출 869번 응용

If it took man but 6000 years to progress from the first crude writing to the development of atomic energy, think what he might be able to accomplish in the next 6,000 years of progress! It is almost impossible for us to imagine. How difficult it would be for the ancient Egyptian, to look ahead to electric lights, radios, jet aircraft, or atomic energy!

① 고칠 필요 X
② It was for the ancient Egyptian
③ they were for the ancient Egyptian
④ It would have been for the ancient Egyptian
⑤ they would had been for the ancient Egyptian

다음 글의 흐름으로 보아, 어법상 적절하지 않은 문장은?

① In 1998, several states began a case in the American courts accusing Microsoft of being a monopoly. ② Several computer software companies spoke during the trial in agreement with these states. ③ These companies said that Microsoft has used its power to keep them out of the market. ④ In the end, the court agreed that Microsoft was a monopoly. ⑤ The next step was to decide what the United States government should do about it.

· monopoly : 독점(회사)

870

전문해석　만약 최초의 조잡한 글쓰기에서 원자력의 개발에 이르기까지 진보하는데 6,000년 밖에 걸리지 않았다면 다음 6,000년의 진보에서 무엇을 이룩해 낼 것인지를 생각해 보아라. 상상하기가 거의 불가능할 것이다. 고대 이집트인들이 전기불과 라디오, 제트 비행기, 원자력 등을 예측하는 것이 얼마나 어려웠겠는가!

문제해결　고대 이집트 사람들에 대한 가정이므로 과거 사실을 가정해 보는 것이다. 따라서 it would have been의 형태가 되어야 옳을 것이다.　　　　정답④

어휘해결　crude : 조잡한/accomplish : 성취하다/ancient : 고대의/grasp : 잡다. 이해하다

It would be ～.
↳ 추측을 나타냄. ∴ 과거사실에 대한 추측
→ would have been ～.

③ 진술의 시제가 과거, 진술내용은 당연히 과거보다 앞선 '대과거'의 일
∴ has used ⇒ had used.

11 대학입시와 관련 없는 짓은 절대로 하지 않겠다.

'다른 친구들은 이것도 공부하고 저것도 공부하더라. 나도 그렇게 해야지'라는 생각은 버리는 것이 좋다. 학생마다 영어학습의 수준이 천차만별이고 그에 따라 학습의 방향도 달라야하고 또한 지원계열이나 학과, 학교에 따라 해야 할 영어 학습이 매번 다른데 다른 학생이 한다고 생각 없이 따라 하다간 시간낭비하기 딱 알맞다. 가장 중요한 것은 대학입시에 도움이 안 되는 짓은 하지 말라는 것이다. 지금은 시간이 많아 보여도 3년은 너무나 짧은 시간임을 고3이 되면 뼈저리게 느끼게 될 것이다.

2 단계

no pain,

no gain!

예비 고2의 위치는 매우 중요함에도 불구하고 이를 학생들은 잘 인식하지 못하고 있다. 예비 고1처럼 새롭게 무엇을 다짐하며 출발하는 것도 아니고, 예비 고3처럼 수험생으로서 부담감이 큰 것도 아니기 때문이다. 하지만 예비 고2는 서울의 강남과 강북을 잇는 한강교량처럼 대학 입시 혹은 인생에서 매우 중요한 시기이다. 더군다나 고3때 공부의 양이 고2때보다 적다는 졸업생들의 고백도 있고 보면 교량으로서 고2의 중요성은 새삼 말할 필요가 없다.

우선 예비 고2라고 해서 앞서 말한 예비 고1 국어 학습의 중추 어휘력 향상, 신문 읽기, 일기 쓰기, 독서(讀書) 등을 소홀히 해서는 안 된다. 이런 것은 고3에 올라가면 지속적으로 하기 어려운 것이므로 다소 여유가 있는 고1, 고2때에라도 쉼 없이 해야 한다. 특히 사고능력은 개념 이해 능력과 어휘능력에 비례하므로 어휘력 향상을 위해서는 기초한자 공부와 함께 국어사전을 상용화하는 습관 자체를 길러야 한다. 예비 고2의 국어 학습은 내신은 물론 고전 및 현대 문학 작품 학습, 유형별 수능 문항 정리, 각종 언어영역 용어 학습, 수시 준비생 논술학습 등으로 집약할 수 있다.

예비 고2 겨울방학 3대 목표

1. 18종 문학 작품 섭렵하기
   (주요 고전시가 작품 선행학습하기)
2. 수능대비 문항 유형별 학습하기
3. 수시 준비생 논·구술에 대한 준비학습하기

---

12 내신(內申)은 여전히 중요하다.

일반 학생은 물론 수시 준비생은 내신에 더욱 신경을 써야 한다. 고등학교 2학년은 선택 중심 교육과정과 관련된 과목(화법, 독서, 작문, 문법, 문학)을 본격적으로 학습하는 학년이다. 이에 대한 내신 대비를 겨울방학부터 해야 한다. 특히 이들 과목은 대학수학능력시험 언어영역의 직접 출제범위이기도 해 내신 공부가 곧 수능 준비가 되는 셈이다. 가장 중요한 '문학'의 경우 교과서가 18종으로, 수능에는 특정 교과서의 수록 여부에 관계없이 각종 작품이 출제되므로 18종 '문학' 자습서나 이와 비슷한 부류의 참고서적을 구입하여 내신 및 수능 학습을 하여야 한다. '문학'은 문학작품의 수용과 창작 활동을 통하여 문학 활동 능력을 기르는 것이 목표이다.

따라서 문학 활동의 기본 원리와 문학에 대한 체계적인 지식을 이해하는 것이 급선무인데 이를 내신 준비도 할 겸 예비 고2 겨울방학부터 본격적으로 학습하는 것이 좋다는 이야기다. 약간의 여유가 있는 학생이라면 일반 선택 교육과정에 속하는 '국어생활' 교과서를 구입하여 가볍게 읽어보는 것도 나중에 수능에서 창의적 사고 문제 풀이에 많은 도움이 된다.

13 고전(古典)은 고전(苦戰)하기 전에 먼저 해야 한다.

문학 중에서도 고전문학 작품에 대한 학습은 예비 고2 겨울방학 때 필수이다. 이미 예비 고1의 학습에서도 말한 바 있지만 고전 작품은 고어(古語)로 되어 있어 이해가 쉽지 않다. 그러므로 고전을 미리 학습하면 남보다 대학입학으로 한 발 더 내디딘 것이 되는데, 특히 고전시가는 다루어지는 작품이 한정되어 있어 선행학습의 효율성이 가장 높다. 시대의 전반적인 흐름을 알아야 작품 이해가 쉬우므로 작품 중심으로만 공부하기보다는 고전 문학사를 먼저 이해한 다음에 개별 작품으로 가는 초점화 작업이 필요하다. 이는 현대 문학도 마찬가지이다.

<고전시가>

정약용
— '고시'

제비 한 마리 처음 날아와
지지배배 그 소리 그치지 않네.

말하는 뜻 분명히 알 수 없지만
집 없는 서러움을 호소하는 듯

"느릅나무 홰나무 묵어 구멍 많은데
어찌하여 그곳에 깃들지 않니?"

제비 다시 지저귀며
사람에게 말하는 듯

(㉠) "느릅나무 구멍은 황새가 쪼고
홰나무 구멍은 뱀이 와서 뒤진다오."

[정약용, '

㉠에 '제비'의 어조를 나타내는 말을 넣는다고 할 때, 가장 적절한 것은

① 내뱉듯이
② 불평하듯이
③ 자랑하듯이
④ 당황한듯이
⑤ 하소연하듯이

정철 '관동별곡'
<고전시가>

山산中듕을 미양 보랴 東동海히로 가쟈스라. 藍남輿여 緩완步보호야 山
올나니, 玲녕瓏롱 碧벽溪계와 數수聲셩 啼뎨鳥됴는 離니別별을 怨원호
긔를 씰티니 五오色식이 넘노는 둣, 鼓고角각을 섯부니 海히雲운이 다 기
사길 니근 몰이 醉취仙션을 빗기 시러, 바다홀 겻티 두고 海히棠당花화
ⓐ白빅鷗구야 누디 마라 네 버딘 줄 엇디 아는.

金금蘭난窟굴 도라드러 叢총石셕亭뎡 올라호니, 白빅玉옥樓누 남은 기
셔 잇고야. 工공倕슈의 셩녕인가 鬼귀斧부로 다드믄가. 구투야 六뉵面면
톳던고. 高고城셩을란 뎌만 두고 三삼日일浦포롤 추자가니, 丹단書셔는
四스仙션은 어디 가니. 예 사흘 머믄 後후의 어디 가 쏘 머믈고. 仙션遊유
湖호 거긔나 가 잇는가. 淸청澗간亭뎡 萬만景경臺디 몃 고디 안돗던고. 梨
디고 ⓑ졉동새 슬피 울 제, 洛낙山산 東동畔반으로 義의相샹臺디예 올라
츌을 보리라 밤둥만 니러호니, 祥샹雲운이 집픠는 동 六뉵龍뇽이 바퇴
날 제제는 萬만國극이 일위더니, 天텬中듕의 티쓰니 毫호髮발을 혜리
㉡녈구름 근쳐의 머믈셰라. 時시仙션은 어디 가고 咳히唾타만 나맛ᄂᆞ니.

ⓐ와 ⓑ에 대한 설명으로 가장 적절한 것은?

① ⓐ와 ⓑ는 모두 작품의 배경이 늦은 봄이라는 사실을 알려 준다.
② ⓐ는 화자의 정치적 욕망을 드러내고, ⓑ는 개인적 정서를 드러
③ ⓐ는 계절의 변화를 느끼게 하는 소재이고, ⓑ는 객관적인 자연들
④ ⓐ는 화자의 자연 친화적인 태도를 보여 주고, ⓑ는 계절감을 드
⑤ ⓐ는 화자를 형상화하였고, ⓑ는 화자가 동경하는 대상을 형상화

퍼펙트 해설 시적 화자는 서민들을 상징하는 제비의 삶의 모습을 동정어린 눈으로 바라보고 있으며, 제비 또한 시적 화자의 질문에 답하여 자신의 힘겨운 처지와 그 이유를 말하고 있다. 어려움에 처해 있는 제비가 자신에게 관심을 보이는 사람에게 하는 말은 자신의 신세를 하소연하는 어조가 적절할 것이다.

오답 확인 ①, ② 제비가 현실에 불만이 있는 것으로 볼 수는 있으나, 내용의 흐름상 그것을 강하게 표현하기보다는 서러움을 하소연하는 것으로 보는 것이 적절하며, ③ 잘못된 현실 때문에 고통받고 있는 제비가 하는 말투로 적절하지 않으며, ④ 한숨을 쉬며 처지를 하소연하듯이 말하는 것이지, 당황한 모습을 보이는 것은 아니다. 답 ⑤

(주관적 생각 버리기)

ⓣ 탐관오리에게 수탈당하는
  백성들의 고통.

· 제비 : 선량한 서민

· 함내, 뱀 : 탐관오리

3련 : 사람뜯 해소하는 듯세

퍼펙트 해설 시적 화자는 바다로 나와 백구를 보고 '백구야 날지 말아라 내가 너의 벗인 줄 어떻게 아는가?'라고 말하고 있다. 여기에는 백구와 가까이 하고 싶어하는 화자의 심정이 나타나 있는 것이다. 곧 자연과 물아일체가 된 자연 친화의 감정이 드러나 있다고 볼 수 있다. 여기에 비해 '접동새'는 바로 앞에 나오는 '이화'와 같은 역할을 하는 시어로서 배꽃이 벌써 졌다는 것은 늦은 봄에서 초여름으로 바뀌는 계절임을 의미하는 것이다. 접동새도 봄에 우는 새로 이 시에서 역시 계절감을 나타내는 소재로 쓰이고 있다.

오답 확인 ①, ③ '백구', 곧 갈매기는 계절에 관계 없이 언제나 바다에 가면 볼 수 있는 새이다. ② '백구', '접동새'는 모두 자연물로서 정치적 욕망이나 개인적 정서를 드러내는 소재로 사용되지 않았다. ⑤ 화자가 백구에게 날지 말라고 한 것은 자신과 가깝게 지내자는 의미이지 자신도 갈매기처럼 날겠다는 의미는 아닌 것이다. 답 ④

ⓣ 관동지방의 절경과 풍류
  - 기행가사의 대표작.

(앞뒤 문맥 파악, 한번 더 생각)

14 수능에 대한 문항 유형 학습이 필요하다.

예비 고2 정도면 내신과 수능 두 마리의 토끼를 쫓아야 한다. 최근에는 수능 문항 유형이 다양화되는 추세지만, 늘 출제되는 기본적 문항 유형은 변하지 않고 있다. 그러므로 예비 고2의 겨울방학은 각종 문항의 유형을 숙지하는 것이 필요하다. 이는 수능기출문제로 정리해도 좋고, 잘 정리된 문제집을 이용해도 좋다.

전형적인 문항 유형을 보면서 출제방식, 문두(問頭)와 답지의 형식과 용어 등을 꼼꼼히 살피는 것이다. 문항에 쓰이는 용어들은 늘 반복되는데, 지문 독해를 잘하고도 이를 몰라 틀리는 경우가 많으므로 교과서의 부록이나 사전 등을 이용하여 철저히 이해하여야 한다. 그 후에는 문항 유형별로 접근 방법이나 대표적인 문제 해결법 등을 익혀야 한다. 더불어 수능은 사실적 사고가 근간이긴 하지만 2003년 수능부터 체계적인 이론과 지식을 가지면 더 빨리 풀 수 있는 문항이 등장하였으므로 다양한 제재에 대한 배경지식(schema)습득에도 힘을 기울여야 한다. 수능의 비판적·추론적 사고는 지문 외적 능력을 요구하는 경우도 종종 있다.

15 수시 준비생은 논·구술에 관심 가져야

다소의 변화는 있겠지만 대체로 1학기 수시는 학생부와 심층면 접·논술고사가 주요 전형 요소이다. 국어의 학습은 면접의 기본 소양 평가나 논술 지필평가에 영향을 미친다. 논·구술은 단기간 의 완성이 불가능한 것이어서 평상시에 착실히 준비해야 한다. 논 술 학습은 좋은 글을 읽는 것에서 출발한다. 그러므로 각종 잡지나 신문에서 잘 쓰인 칼럼 등을 읽고 요지, 쟁점, 논거 등을 정리하는 학습이 기본이다. 그러면서 '작문'교과서나 '국어(상)'의 4단원 '바 른 말 좋은 글'을 통해 글쓰기의 기본을 익히고 학습활동 문제를 통 해 짧은 글부터 지어보는 습관을 기르는 것이 좋다.

고등학교 2년 시기별 국어 공부 단계표

1~2월
고전시가 선행학습, 수능문항 유형별 정리
논·구술에 대한 준비학습

3~4월
심화선택교과 '문학(상, 하)' 등 학습

5~6월
중간고사 대비 시도교육청 모의고사 대비

7~8월
기말고사 대비, 실전문제풀이

9~10월
중간고사대비, 시도교육청 모의고사 대비

11~12월
기말고사 대비, 수능용어 다지기

1~2월
수능기출문제분석, 실전문제풀이
어법(語法)능력 강화

평상시
과학잡지 구독하기(자연계), 일기 쓰기,
시사 주간지 읽기, 국어사전 사용의 생활화,
신문 구독하여 읽기(종이신문 2종 이상)

예비 고2는 현행 입시제도로 대학을 가는 마지막 학년이다. 전년도 대입에서도 알 수 있듯이 입시제도의 마지막 학년은 대입 지원 전략에서 하향 지원의 가능성이 높아질 것으로 예측 된다. 따라서 상위권 대학에 합격하기 위해서는 높은 수능 점수가 요구되는 부담이 있다. 그렇다면 어떻게 준비할까?

16 수능 준비 2개년 계획을 세워라.

고교 2학년 학습 과정은 수능의 직접적인 출제범위에 해당되는 중요한 시기이다. 그런데 수능은 고3부터 준비하면 된다고 잘못 생각하여 대다수의 2학년 학생들이 학업의 긴장감을 늦추게 된다. 수능을 본격적으로 준비하는 고3이 되면 누구나 열심히 공부한다. 때문에 2학년 동안 어떻게 공부 했느냐에 따라 수능의 결과가 결정된 해도 과언이 아니다. 현 예비 고2는 수리 영역을 2학년 겨울 방학까지 끝마친다는 목표로 학습 계획을 세워야 한다.

수리(나)형을 선택하는 학생의 경우 늦어도 2학년 여름 방학까지는 수학1에 대한 개념 학습을 마치도록 하고 그 후 꾸준히 수능 실전 문제 연습을 해야 한다. 공부해야 할 단원이 적은 만큼 깊이 있게 공부하는 것이 중요하다.

수리(가)형을 선택하는 학생은 늦어도 수학1 개념 학습은 고1 겨울 방학까지, 수학2 개념 학습은 고2 여름 방학까지 선택과목 개념 학습은 2학기 말까지 마쳐야 한다. 그 후 고2 겨울 방학부터는 수1 수2 선택과목에 대한 수능 실전 문제풀이를 본격적으로 시작해야 한다. 특히 2학년 동안 학습해야 할 내용이 많아지므로 더욱 철저한 계획이 필요하다.

17 내신과 수능을 동시에 대비해야 한다.

학생들 중 내신 시험 점수에 비해 모의고사 점수가 잘 안나오는 경우가 많다. 이런 학생들의 학습 방법을 보면 공부의 초점이 내신에만 맞추어져 있는 것을 알 수 있다. 이런 현상은 내신시험을 평어로 반영 하는 대부분의 대학 진학을 위해 쉬운 난이도의 문제가 출제되기 때문이기도 하지만 내신 문제와 수능 문제에는 유형의 차이가 있기 때문이다.

내신문제는 지식에 대한 평가가 대부분이지만 , 수능 문제는 단순한 지식을 묻는 문제 이외에도 문제의 분석을 통하여 풀이를 계획하고 문제를 해결 할 수 있는 능력을 요구하는 문제가 다수 출제된다. 결국 이 문제들이 고득점을 좌우하기 때문에 1등급을 목표로 하려면 평소에 내신과 수능을 동시에 대비해야만 한다.

18 수학1 단원별 학습방법

지수와 로그 단원은 계산 능력을 필요로 하는 단원이다. 특히 처음 보는 기호와 연산 법칙은 단순히 그 내용을 이해하기 보다는 많은 양의 쉬운 문제를 연습해야 한다.

행렬 단원도 계산 연습이 필요하다. 특히 행렬의 연산과 실수의 연산의 차이점이 무엇인지를 익히는 것이 중요하다. 수열 단원은 규칙이나 패턴을 찾아서 그 것을 일반화하여 표현하는 능력을 요구하는 단원으로 교과 과정에 나온 공식이 왜 성립하는지를 이해는 것이 중요하다.

극한 단원은 처음 배울 때 어렵게 느낄 수 있는 단원이다. 새로운 기호와 용어의 의미를 정확히 이해하는 것이 중요하고, 특히 산술적인 계산 보다는 주어진 식의 값의 변화를 생각해 보면서 직관적으로 판단하는 것이 올바른 학습 방법이다.

다음으로 확률 단원은 학생들이 많이 어려워하는 단원으로 그 이유는 모든 공식을 무조건 외우고, 문제를 유형별로 익히려고 했기 때문이다. 이 단원에서 나오는 여러 가지 공식들은 이미 사람들이 평소에 사용하고 있는 사고의 패턴을 기호화한 것에 불과하다. 따라서 그 공식은 어떤 문제를 해결하는 과정에서 만들어 졌는가를 이해하는 것이 가장 중요하다. 통계 단원에서는 학생들이 개념을 외워도 문제를 풀 때 어떤 개념을 사용할지 판단을 못하는 것이 가장 큰 문제이다. 많은 문제연습을 통하여 개념이 적용되는 상황을 익히는 것이 중요하다.

19 수학2 단원별 학습법

수2는 다른 과목에 비해 내용이 많고, 수능에서 뿐만 아니라 논, 구술에서도 출제 비중이 높기 때문에 많은 시간 투자를 해야 한다. 수2에서 가장 중요한 단원은 미분, 적분 단원인데 이 단원을 공부하기 전에 수학 10-나의 '함수' 단원을 복습하는 것이 좋다. 또 이 단원은 선택 미적분으로 이어지므로 개념을 충실하게 익혀야 한다. 이차곡선 단원은 수학 10-나의 도형의 방정식과 이어지는 단원으로서 문제 해결 과정도 그 것과 같다. 특히 이차곡선의 정의를 정확히 알아두어야 한다.

다음은 공간 도형인데 이 단원이 학생들이 가장 어려워하는 단원이다. 초등학교, 중학교 때 공간도형을 많이 다루어 보지 못했기 때문이다. 개념을 익히거나 문제를 풀 때 책에 있는 그림을 눈으로 이용하지 말고 따로 연습장에 그림을 직접 그리면서 공부하는 것이 가장 좋은 방법이다. 벡터 단원의 내용은 새로운 개념을 공부하는 단원으로 기호와 용어의 정의 및 연산의 성질을 정확히 익혀야 한다. 그리고 도형과 연관된 단원이므로 중학교 과정에서 배운 기본 도형의 성질을 잘 활용하는 능력이 필요하다.

20 수학 10-가, 나 복습에 대하여

수학 10-가, 나는 수리 영역의 직접적인 출제범위는 아니다. 그러나 수1 수2와 연계하여 출제되거나 수학1과 수학2를 공부하는데 기초가 되는 내용이므로 소홀히 할 수는 없는 과목이다. 특히 수학 점수가 안나오는 학생들의 대부분이 수학 10-가, 나의 개념학습이 부족한 경우가 많다. 따라서 중하위권 학생들은 10-가, 나를 모두 복습하고, 상위권 학생들은 10-나만 복습하면 된다. 교과서를 이용하여 부족한 단원을 중심으로 공부하거나 수능에 필요한 개념만을 요약 정리한 인터넷 강의를 이용하는 것도 방법이다.

윤혁선생 영어만점 비법 : 예비 고2를 위한 5계명

1. 나만의 영어단어책을 만든다
2. 나는 단어를 외우기보단 많이 읽겠다.
3. 독해는 양보다 질을 우선시 한다
4. 문법은 동사편을 중심으로 공부한다.
5. 영어문제에 대한 경외심으로 항상 진지하게 공부한다

21 시험을 위한 독해, 비법도 아닌 비법
— 양보단 질

무작정 문제를 많이만 풀지 말고 정확하게 독해하는 것이 필요하다. 천천히 그러나 정확하게, 또한 쉬운 다수의 문제보단 난이도가 있는 소수의 문제를 정확하게, 이러한 것이 고2학생의 독해학습에 출발이 되어야 한다. 이러한 과정을 일정정도이상 소화해낸 후 많은 수의 문제를 정해진 시간에 해결하는 능력을 키우는 것이 정석이다. 중급정도의 독해문제를 양만 많이 푼다고 학생의 영어독해력이나 문제풀이의 능력이 좋아지는 것은 아니다. 어려운 지문일수록 꼼꼼히 독해하고 자신이 틀린 문제가 있다면 왜 틀렸나를 되새김해보는 성의와 진지함이 문제풀이능력발전에 핵심임을 명심하자

22 영어의 만점, 길은 단어학습에 있다.

위와 같은 상황을 고려할 때 고2는 고3의 준비과정이고, 약간의 느슨함과 여유로움이 허락되던 예년의 사치스러움은 올해 고2에겐 해당사항 없다. 탐구과목을 제외한 영어, 수학, 언어는 당연히 올해 상당한 수준, 즉 2006년 11월 23일에 현 고3 학생들하고 같이 앉아 수능시험을 치러도 손색이 없을 만큼의 수준이 되어야 할 것이다. 올해 고2 영어는 따로 없다. 지금 고3 학생들이 하고 있는 학습과정에 맞추어 공부해야만 한다.

하지만 위와 같은 절박함속에서도 고2단의 영어학습의 원칙과 지켜야 할 덕목은 있는 법. 우선 단어를 챙기자.

단어는 양적인 측면과 질적인 측면모두에서 많아지고 어려워지고 있다. 하지만 이에 따른 학생들의 학습행태는 학교에서건 학원에서건 강의만을 듣고 치우려는 경향이 있어 문제다. 단어학습을 위한 강좌도 물론 있겠으나 강의를 듣는다고 모든 단어가 머리에 남는 것은 아니다. 또한 무작정 단어 책하나 들고 그것만을 줄기차게 외우는 것도 노력과 시간에 비해 효율이 떨어지는 것이다. 단어는 외우는 것이 아니라 읽는다는 기분과 태도로 학습해야한다. 또한 스스로의 단어책을 만드는 것은 필수다. 자신이 읽는 교과서나 참고서, 문제집, 각종 모의고사 등에서 모르는 단어가 나오면 발견되는 즉시 공책에 적고 뜻을 찾아 정리해 놓자. 그리고 수시로 읽어야 한다. 한 페이지의 단어가 완벽하고 학습되었다고 생각하는 순간 또 뒷장으로 넘어가고 뒷장에서도 같은 작업이 반복되어 자신만의 단어책이 생기는 것이다. 이것이야말로 보물이다.

23 문법, 그것은 반드시 넘어야 할 산

2005학년도 수능에서는 문법문제가 므려 5문제가 출제되었다. 점수 배정도 10점이 넘는다. 당연히 고득점을 원한다면 반드시 넘어야 할 산이다. 하지만 영어를 상당히 잘한다는 친구들도 문법은 어려워한다. 무엇이 문제일까? 무작정 공부하던 문법, 그것이 문제였다. 어떤 학습이나 목표가 분명해야만 효과도 있고 발전도 있는 법인데 그동안 우리는 문법을 너무 '막'공부해 왔다. 어떤 학생에게 '문법 공부 좀 해 봤니?'라고 질문하면 일반적으로 들을 수 있는 대답은 '어떤 책 공부했는데요'이다. 정말 그 책이 왜 필요하고 그 책을 공부해서 얻을 것이 무엇인가는 생각하지도 않고 그냥 남들이 한다니까, 부모님이 학원가서 하라니까 '막'공부한 것이다.

하지만 현재의 입시 영어시험에서는 형태문법이 중심이 된 그런 문법은 더 이상 필요 없다. 왜냐하면 수능문법문제가 품사론이 중심이 되는 형태문법으로 출제되지 않기 때문이다. 수능문법은 동사편을 중심으로 한 서술문법을 학습해야 한다. 반드시 학습해야할 수능문법, 즉 서술문법의 체계는 다음과 같다.

1. 자동사와 타동사의 구별 : 우리말로는 자동사이지만 영어로는 타동사, 반대로 우리말로는 타동사이지만 영어로는 자동사가 되는 우리말과 영어의 구조적인 차이점 때문에 비롯되는 오해를 바로 잡을 수 있어야 하겠고,

2. 일치 : 수일치와 문법적일치가 있다.

3. 타동사의 목적어의 형태

4. 시제 : 문장단위로 기준시제를 잡아야 한다.

5. 조동사 : 형태가 틀린 조동사는 없다 (번역필수).

6. 태

7. 관계사

8. 병렬구조

2학년은 문제풀이 중심의 학습이전에 우선 위에 정리한 사항들에 대한 깔끔한 이론적 정리가 필수일 것이다. 3학년이 되어서 하겠다고? 그럴 시간이 없을 것이다.

3 단계

인내는 쓰다,

고로 열매는

달다

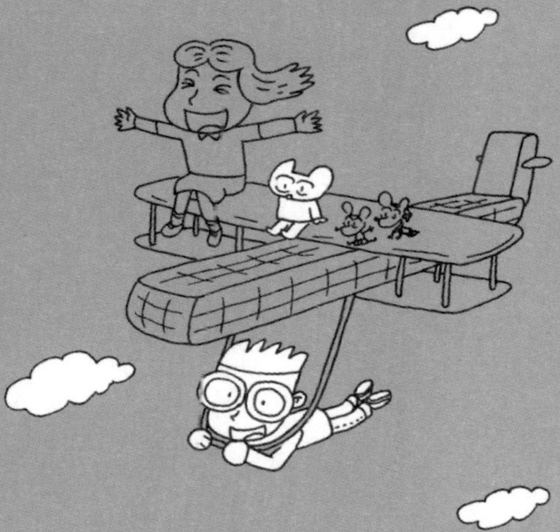

예비 고3은 이제 진짜 수험생이 된 것이다. 수능을 준비하는 현 예비 고3은 편견을 버리는 것이 가장 시급하다. 언어영역은 해도 많이 오르지 않고, 안 해도 크게 떨어지지 않는다는 편견 말이다. 개인적으로 '할 만큼 했다'라는 것이 얼마인지 철저하게 계량되지 않은 상태에서 감(感)만으로 속단을 내리는 것은 금물이다. 투자한 만큼 성과를 거둘 수 있을 것이다. 한편 내신은 1, 2학년과는 조금 다르게 지원할 학과에 맞추어 전략적으로 집중 투자하는 것도 고려할 만하다. 극단적으로 만일 자연계 수험생이라면 국어를 포기할 수도 있다는 이야기이다. 예비 고3의 겨울방학 국어 공부는 크게 기출문제의 분석과 어법 능력의 강화, 논술 대비(수시)로 초점화 할 수 있다.

24 기출문제를 분석해야 한다.

건강에는 불량식품을 과식하는 것보다는 영양가 있는 우량식품을 적절히 섭취하는 것이 훨씬 도움이 된다. 시험 대비 문제풀이도 마찬가지이다. 수능기출문제가 우량식품이다. 시중 문제집이나 모의고사도 수능문제를 모방해서 비슷하게 만든 것이긴 하지만 문제의 질에서 차이가 난다.

한 예로 3월 시중 모의고사는 2005년 수능을 모방하여 만든 문항이 많을 것이지만 타당도나 완성도 면에서는 기출문제에 못 미칠 확률이 높다. 수능 기출 분석을 할 때는 대체로 기출문제를 사고유형별, 제재별 등으로 나누어 일관성을 가지고 지문 선정 경향, 출제 의도, 답지 제시방법, <보기>제시의 의도 등을 수험생 스스로 꼼꼼히 살펴야 한다. 그것을 겨울방학 동안 지속적으로 하면 문제를 보는 안목이 생겨 큰 효과를 볼 수 있다. 적어도 그간의 출제 기조를 유지하면서도 새로운 변화의 가능성을 모색한 2003년 문제부터는 반드시 분석을 해보아야 한다.

더불어 기출문제 분석과 관련하여 한국교육과정평가원 홈페이지에 실린 <교육광장> 제16호의 언어영역 관련 글을 읽어보기 바란다. 수능 출제기관의 의도가 잘 드러난 글이기에 상당히 유익하다. 기출 분석은 다른 사람이 강의 등을 통하여 분석해주는 것을 들어야 남는 의미가 별로 없다.

25 어법능력을 강화해야 한다.

7차 수능의 2차시기인 2006년에도 어법 문제가 중요하게 다루어 질 것이다. 「문법」교과서의 수준까지는 아니더라도 '한글맞춤법' 은 물론 「국어(상, 하)」에 들어 있는 기본적인 문법사항을 반드시 학습해야 한다. 이 제재는 한번 학습하면 거의 기계적으로 적용이 되는 분야로 학습효율성이 높은 부분이다.

또한 이 부분은 쓰기 제재의 '고쳐 쓰기' 관련 문항과도 밀접히 연 관되어 있다. 그러므로 더 시간이 가기 전, 예비 고3의 겨울방학에 어법을 완결지어 놓아야 한다. 수시 대비생이라면 논술공부와도 연 관 지을 수 있을 것이다.

26 시기별, 수준별로 어떻게 할까

크게 나누어서 1~4월까지를 전반기, 5~7월까지를 중반기, 8월 이후를 후반기라고 하자. 내신대비는 중간·기말에 때를 맞추어 해야 하므로 생략한다. 수능은 전반기엔 어느 수준을 막론하고 문제를 정확하고도 꼼꼼히 푸는 능력을 길러야 한다. 양보다는 질이다.

지문 독해는 어휘력을 바탕으로 하여 시라면 주인공의 처지가 되어서 정서를 그려보는 것이다. 소설이라면 인물의 대화와 행동을 살피면서 사건의 흐름을 잡는 것이다. 비문학이라면 교과배경지식을 기초로 필자가 어떤 식으로 자신의 주장을 전달하려고 하는가를 보면 된다. 상위권 학생은 다소 여유가 있다면 의·치학대학원시험(MEET, DEET)의 '언어추론' 독해 문제도 가볍게 욕심을 내볼 만하다. 이 시기에는 객관식 문제지만 답지를 보지 말고 주관식으로 생각해서 푸는 훈련도 좋다. 사실 학원강사 등이 단정적으로 말하는 문제풀이 요령이나 비법은 실제 수능 시험에서는 거의 무용지물이다. 현혹되지 말아야 한다. 수능의 사실적 사고와 지문 내 해결을 강조한다고 배경지식 습득을 등한시하면 안 된다. 각 탐구영역 시간의 공부가 곧 언어 공부요 논술 공부이다. 배경지식이 없는 비문학 독해는 완행열차지만, 배경지식이 따라 줄 땐 고속전철이 된다.

중반기에 중·하위권은 고전(古典)에 집중하거나 신간 참고서를 선택하여 전반기와 같은 방법으로 학습을 한다. 반면 상위권은 듣기를 병행하는 실전문제풀이에 돌입해도 된다. 가능하면 1주일에 한 개 정도의 모의고사 문제를 시간에 맞춰 푸는 것도 좋다. 물론 오답에 대한 정리가 분명하면 더욱 좋다. 그리고 의외로 상위권 학생들이 어휘문제를 어려워 하니 어휘에 대한 공부도 소홀히 하지 말아야 한다. 수시 대비생이라면 이대부터라도 논술에 관심을 가져 일주일에 한 편이라도 실제 글을 써보아야 한다.

후반기에는 모두 한 2년 간 실시된 평가원, 교육청 모의평가 문제를 다시 검토하거나 실전문제풀이(듣기 포함)에 집중해야 한다. 그간의 양상을 보면 각 교육청의 모의평가 문제는 3학년용만이 아니라 저학년용도 풀어보는 것이 좋을 것이다. 후반기에는 질뿐만 아니라 풀이의 양도 고려하는 것이 전략적이다. 쓰기는 단기간 공략이 가능하므로 문제풀이를 통해 이 시기에 집중적으로 학습을 한다. 그리고 이 시기에는 반드시 EBS 교재에만 실린 문학 작품을 선별·검토해야 한다. 교육정책이 바뀌지 않는 한, 올해도 지난해와 마찬가지로 이 부분에서 출제가능성이 높기 때문이다.

끝으로 당부할 것은 성적 향상의 책임은 수험생의 몫이지, 교사나 강사의 것이 아니라는 것이다. 특히 논술과 언어영역은 스스로 터득함, 즉 자득(自得)에서 좋은 결과가 온다. 끊임없이 글을 읽고 중심문장을 찾으면서 체계적인 이론과 지식을 습득하여 나가는 것이 성적 향상의 길이다. 성적 향상은 누군가의 기술이나 요령, 방법론에 의해서 이루어지는 것이 아님을 명심해야 한다.

고등학교 3년 시기별 국어 공부 단계표

1~2월
기출문제 분석, 어법 능력 강화,
논술학습(수시 준비)

3~4월
듣기공부 꾸준히, 수능 제재별 학습,
철저한 기본문제풀이

5~6월
중간고사 대비, 평가원 모의고사,
수시1학기 구술면접대비(수시 준비생)

7~8월
기말고사 대비, 실전문제풀이,
EBS교재 중간 점검

9~10월
중간고사대비, 평가원 및 교육청 모의고사 대비,
실전문제풀이

11월
파이널 실전문제 풀이, 쓰기 영역에 집중,
EBS 교재 최종 점검, 수능 후 논술 학습

평상시
국어사전 사용의 생활화, 신문 구독하여 읽기
(종이신문 2종 이상), TV뉴스 1편 이상 시청

2005 수능 수리영역 출제경향을 분석해 보면 세 가지로 요약할 수 있다.

첫 번째 특징은 가장 중요한 특징으로 수능의 [학력고사화]를 들 수 있다. 과거의 수능은 [대학수학능력 시험]이라는 명칭에 걸맞게 사고력과 문제해결 능력을 측정하기 위한 문제가 다수 출제되었고, 교과서에서는 쉽게 찾아 볼 수 없는 유형으로 학생들이 많이 어려워했다. 그런데 최근 몇 년간의 출제경향을 보면 교과서에 있는 유형에서 크게 벗어나지 않고 있다. 이는 학고 교육 정상화정책이 반영된 2008학년도 입시의 경향기 이미 나타나기 시작한 것으로 볼 수 있으며 내년 입시에도 그대로 반영되거나 더욱 강화될 가능성이 있다.

두 번째 특징은 수리 [가]형과 수리 [나]형의 난이도가 달랐다는 것이다. 평가원에서는 2005 수능을 앞두고 6월과 9월 두 번의 모의 평가를 시행했다. 수리영역의 경우 수리 [가]형을 선택한 수험생들이 수리 [나]형을 선택한 학생들에 비해 표준점수가 낮게 나오게 되었고, [가]형과 [나]형을 함께 반영하는 대학에 지원하게 될 경우 수리 [가]형을 선택한 학생들에게 가산점을 준다 해도 [나]형을 본 수험생이 유리하게 되었다. 평가원에서는 이 같은 문제점을 해결하기 위해서는 수리 [가]형을 선택한 학생들이 불이익을 받지 않도록 수리 [나]형에 비해 상대적으로 어렵게 출제해야만 했다. 또한 수능 시험의 출제 범위가 2, 3학년 심화과정으로 줄었기 때문에 1학년 과정이 포함되어 있던 예년에 비해 어려울 수밖에 없는 것도 [가]형의 난이도가 높아진 이유 중 하나다.

세 번째 특징은 EBS의 수능 방송 강의와 교재의 내용이 반영되었다는 점이다. 그런데 EBS에서 발표한 반영 비율이 약 86.7%임에도 불구하고 학생들의 체감은 그리 높지 못했던 이유는 무엇일까? [노령화사회]를 다룬 수학 외적 관련성 문제처럼 EBS 교재에 있는 문제가 포함되어 있다 하더라도 [반영]의 의미가 너무 포괄적이어서 같은 평가요소를 갖는 문제들은 일반 시중의 문제집에도 흔히 찾아 볼 수 있다는 것이 체감을 떨어뜨린 이유다.

또한 수능에서 같은 소재의 문제가 출제되었다고는 하더라도 수학문제에서는 소재보다는 그 안에 들어 있는 수학 내적인 요소가 중요하므로 EBS 수능 강의와 교재로 공부한 학생이 꼭 유리했다고는 볼 수가 없었다. 올해 수능도 EBS 수능 방송 강의와 교재에서 반영할 것이라 예상되지만 방송 강의에 대한 부담을 갖기보다는 자신의 수준에 맞는 교재를 적극 활용하는 것이 바람직하다. 그렇다면 어떻게 준비해야 할까?

27 개념학습

개념학습은 3월 이전에 마무리하는 것이 좋으나, 늦어도 5월까지는 마쳐야 한다. 교재는 개념학습 교재와 교과서를 병행한다. 교과서를 이용할 때는 실생활 관련 문제를 포함한 심화학습 문제와 수행 평가 과제까지 모두 풀어야 한다. 개념학습에서 가장 중요한 것은 단원이 끝날 때마다 개념을 노트에 요약 정리해서 자주 볼 수 있도록 하는 것이다.

28 문제연습

문제연습은 개념학습 후 바로 3월부터 시작한다. 1학기 동안에는 단원별로 되어 있는 문제집을 풀면서 개념 다지기와 함께 문제 해결 능력을 향상시킨다. 여름방학부터 모의고사 형태의 문제를 풀면서 실전 감각을 익히고, 동시에 고득점을 위한 난이도 높은 문제 연습도 병행한다. 문제 풀이 후에는 반드시 오답노트를 만들어 틀린 이유와 그 문제를 통하여 알아 둘 것을 적어 두고, 모의고사를 보기 전에는 오답노트를 활용해 취약점을 보완한다.

29 학력평가 활용법

한국 교육과정 평가원 또는 각 시 교육청 또는 사설기관에서 보는
학력평가는 그해의 수능 경향을 반영하고 있으므로 시험을 본 후
자신의 취약점을 찾는 좋은 기회로 활용해야 한다. 먼저 틀린 문제
를 오답노트에 정리하고 반복해서 틀리는 일이 없도록 해야 한다.
정답률은 높은데 틀린 문제가 있다면 해당 단원의 기본 개념이 부
족한 것이므로 요약 정리한 개념을 다시 한 번 복습한다. 그리고
EBS 또는 인터넷 교육 사이트의 해설 강의를 반드시 듣고, 알고 있
는 문제라도 선생님들의 다른 접근 방법이나 문제의 핵심을 정확히
이해하고 넘어가도록 한다.

30 1등급이 되기 위한 학습태도

수능은 주어진 시간 안에 문제를 풀어야 하는 긴장 속에서 8시간 이상 집중을 요구하는 어려운 시험이다. 학생들 중 시험이 끝나고 집에 돌아와 다시 풀어보면 시험 때 풀지 못한 문제들도 술술 풀리는 경험이 있을 것이다. 개념은 알고 있다 하더라도 복잡한 계산에서 실수하거나 어려운 문제로 시간 조절을 잘못 한다면 1등급을 맞기는 어려울 것이다. 지금까지 학생들을 지도한 경험을 비추어 보면 수리영역에서 고득점을 맞은 학생들의 학습 형태에는 중요한 공통점이 있다.

첫째, 개념을 머리로 이해하고 끝내는 것이 아니라 오감을 이용해 많은 양의 문제연습을 한다는 점이다. 1년 동안 교과서를 통한 개념정리와 문제집을 몇 권만 풀고 수능을 본다면 좋은 점수를 기대할 수 없다.

둘째, 매우 높은 수준의 문제까지 푼다는 것이다. 보통 학생들이 어려운 문제를 접하고는 "이렇게 어려운 문제가 수능에 나오겠어?"라는 생각을 한다. 그러나 고득점을 좌우하는 것은 두세 문제이고

이 두세 문제를 틀리면 1등급이 될 수 없다. 어려운 문제에 대한 연습이 되어 있어야 실전에 두려움 없이 어떤 문제라도 풀 수 있게 되므로 수준 높은 문제를 피하면 안 된다.

셋째, 정확한 계산능력을 갖고 있다는 것이다. 수능 문제는 서술형이 아니기 때문에 계산 실수로 인한 시간 소모는 결국 시간 부족으로 이어져 알고 있는 문제조차 풀지 못하는 결과를 초래한다.

평소 문제를 풀 때 복잡한 계산을 피하지 말고 연습장에 끝까지 풀어서 답을 구하는 자세가 필요하다.

윤혁선생의 고3 영어학습 5계명

1. 단어는 외우지 말고 읽어라
2. 오답노트와 3점노트를 만들라
3. 듣지만 말고 직접 읽어보라
4. 독해의 핵심은 이해가 아니라 정답 맞추기임을 명심
5. 문법은 처음도 문제풀이 끝도 문제풀이

---

31 수험생이 느끼는 난이도의 핵심,
그것은 단어

누구나 인정하듯이 수능시험의 외국어영역은 다소 어려워 졌고 올
해도 이런 경향은 지속될 것이다. 2005학년도 수능시험을 기준으
로 '외국어영역이 어떻게 어려워 졌나?'라는 질문에 대해 우리가
들을 수 있었던 답변들은 단어의 수가 좀 늘어났고 지문이 길어졌
으며 문법문제의 수가 3문제에서 5문제로 늘어났으며 신유형의 문
제가 몇 문항 출제되었다정도였을 것이다.

하지만 이것은 정말 상식적 수준의 답변들이고 작년에 실제로 시험
에 임했던 학생들과 대화를 나누어본 결과 또한 실질적으로 수능시
험에서 정답률이 낮았던 문제들을 분석해 본 결과 문제유형의 변
화, 즉 새로운 유형의 문제에서 느끼는 난이도보다는 유형의 변화
가 없더라도 단어가 어려운 문제에서 학생들이 느끼는 난이도가 보
다 높았다는 것이다. 즉 난이도의 핵심은 단어인 것이다.

하지만 문제는 단어의 부족함을 깨닫고 단어공부를 해야지라고 다
짐해도 단시간에 단어공부는 불가능하다는 것이다. 유일한 해결책
은 시험에 임하는 그날까지 단어공부를 게을리 하지 말아야 하는

것인데 수능식 영어시험의 단어학습의 핵심은 단어를 외우려 하지 말고 읽으라는 것이다. 특정한 단어장을 들고 외우기보다는 자신이 풀었던 문제 중 틀렸던 문제를 중심으로 단어들을 정리하고 계속 반복하여 읽는 것이 좋다. 외우기보다는 읽어야 한다. 수능의 외국어영역은 단어의 철자를 묻는 시험이 아니라 단어의 빠른 연상을 중시하는 시험이므로 단어공부는 많이 읽는 것이 왕도이다.

32 오답노트의 작성은 기본, 자신만의 3점 문제집도 만들자

외국어영역이 어려워졌다는 느낌은 시험내적인 요인도 있겠으나 또한 시험외적인 요인도 있다. 작년 외국어영역의 점수가 종전 80 점에서 100점으로 20점 늘어났다. 그것은 20점이라는 산술적 의미 뿐만 아니라 3점짜리 문제가 출제되는 결과로 한문제당 오답점수 의 폭이 그전 1점에서 2점으로 늘어났다는 보다 현실적인 의미를 담고 있는 것이다. 작년 수능시험결과를 보면 같은 2문제를 틀린 학생이 최고 4점까지 점수차가 나는 것을 보았다. 따라서 3점이 배 정된 문항은 절대로 놓쳐서는 안 된다.

그러나 1점배점문제와 3점배점문제사이에는 분명히 난이도의 차 이가 있으며, 3점배점문제가 보다 어려운 것은 당연하다. 즉 3점배 점문항을 다룰 때에는 보다 신중하고도 조심스러운 태도로 접근해 야 할 것이며 나머지 기간동안에도 평범한 문제들이 아니라 약간은 난이도 있는 문제들을 해결해 보며 어려운 문제들의 출제 특징과 그것의 해법을 몸에 익히는 노력이 필요한 것이다.

문제집을 몇권 풀고 얼마나 많은 문제를 풀었는지는 중요치 않다.

얼마나 값어치 있는 문제를 얼마나 고민하며 풀어 봤는지가 중요한 것이다. 자신만의 3점 문제를 만들자. 특히 틀린 문제중 3점에 해당하는 문제들은 오답노트를 따로 만들 듯이 노트에 따로 정리하는 것이 좋다. 세상에서 가장 좋은 문제집이 될 것이다.

33 듣지만 말고 소리 내서 읽어라!

듣기영역의 대비는 무턱대고 많이 듣기보다는 문제의 유형별로 자주 나오는 표현들을 정리하고 그런 표현들을 소리 내어 읽어봄으로써 스스로 그런 표현들에 익숙해지는 것이 중요하다.

특히 듣기 및 말하기 영역에 약하다고 생각하는 학생들은 문제의 대본을 구해 꼼꼼히 읽어 본 후 반드시 소리 내어 읽어보는 것이 중요하다. 발음이 잘 안되는 단어나 표현은 들리지 않는다는 것과 같다. 소리 내서 읽는 것이 학생들 스스로가 자주 출제되는 표현에 익숙해 질 수 있는 최선의 방법이다.

34 독해─우리의 목표는 독해가 아니라 정답이다

학생들이 간혹 간과하지만 명심해야 하는 것이 있다. 독해라 할 때 우리는 그냥 글을 읽는 것이 아니라 문제를 읽는 다는 것이다. 즉 정답을 맞추고자하는 독해가 되어야 하는 것이다.

따라서 문제의 유형에 따라 독해의 방법도 달라져야 한다. 주제나 요지를 묻는 지문과 순서추론, 빈칸추론을 요구하는 문제의 지문독해방법은 달라야 한다. 문제유형에 따라 반드시 읽어야 할 것이 있고 그렇지 않은 것이 있다.

추론독해의 난이도가 더욱 강화될 것이다. 특히 빈칸추론에서는 위에 빈칸이 있는 유형보다 아래쪽에 빈칸이 있어 작가의 주장이 요약되는 유형의 문제가 보다 어렵게 출제될 것이니 이런 유형의 문제풀이를 보다 많이 해둠이 좋을 것이다. 또한 문장의 앞과 뒤의 내용을 추론하는 문제의 유형은 올해 어디에서 나올지 정확하게 예상할 수가 없으므로 두 가지 유형 모두를 충분히 연습해 두자. 글의 순서추론과 문장의 적절한 위치를 묻는 문제는 예년과 별다른 변화 없이 출제될 것이다. 기출문제를 중심으로 정리해 두는 것이 좋다.

내용독해영역의 문제들에서는 과연 3점의 문제가 어디에서 출제될지가 관건이다. 3점이 배정되는 문제는 내용독해라 하더라도 상당한 난이도를 갖게 될 것이므로 신중히 풀어야 하겠다.

특히 조심해야 하는 것은 예상외로 주제, 요지, 제목의 영역에서 3점의 문제가 출제될 가능성이 높다는 것이다. 그런 경우에는 문제풀이의 핵심이 되는 중심단어를 지문이 아니라 추론해서 선답의 항목내에서 찾아야 함을 명심하자.

35 문법 — 이론학습도 공부한 것의 복습도 모두 문제풀이 안에 있다.

외국어영역의 영역중 학생들이 가장 어려워하는 것이 문법문제이다. 문제의 수도 늘어났다. 무려 5문항이다. 영어를 잘하는 학생들도 문법문제는 항상 부담스럽다. 하지만 이런 이유로 문법문제는 다 맞아야 한다. 다른 학생들이 어려워하므로, 다른 학생보다 앞서 갈 수 있으므로 말이다. 하지만 이론설명을 중심으로 전개되는 문법책을 처음부터 끝까지 학습한다는 것은 시간 낭비이다.

그보다는 지금까지 출제되었던 문법문제들의 출제근거를 스스로 분석해 보는 것이 필요하다. 그 동안 출제되었던 문법의 전체 영역은 그리 넓지는 않다. 따라서 문법문제에 대한 올바른 접근방법은 무작정 이론학습을 많이 하기보다는 수능시험이나 고3모의고사에 출제되었던 문법문제들을 모아서 풀어보고 문법영역별로 문제들을 재배열하여 그 영역에 속한 문제들의 특성을 읽어내는 노력이 되어야 할 것이다. 이론학습도 틀린 문제에 대한 복습도 모두 문제풀이 안에 있는 것이다. 오답노트의 작성이 무엇보다 필요한 영역이다.

특히 역대 수능에 출제되었던 25문항의 문법문제를 분석해 본 결과 60% 약간 넘게 동사편에서 출제도`었음을 확인할 수 있었다. 따라서 동사에 해당된 문법사항들을 꼼꼼히 챙기고 시험에 임해 동사를 묻는 문제에 접했을 때는 반드시 첫째 수동태, 둘째 시제, 셋째 주어, 동사간의 수일치, 넷째 자동사와 타동사의 구별의 순서로 점검해야한다. 위에 열거한 순서는 실제로 시험에 많이 출제된 순서이기 때문이다.

4 수능후기

선배들의

공부방법

노력 많이 하는 것도 축복이다!

박지훈 고려대학교 공과대학

로또 수능, 수능 대박 이라는 말이 있다. 평소 모의고사 실력보다 수능이 훨씬 잘 나오거나 못 나오는 경우를 비꼰 말이다. 물론 큰 시험에 강한 담력이나 운이 따르기도 하지만 수능 점수에 가장 큰 영향을 미치는 것은 바로 자신의 실력이다. 결국 공부 잘하는 아이가 수능 점수도 잘 나오고, 좋은 대학에 간다. 그러므로 평소에 수능을 잘 준비해서 실력을 쌓는 것이 최고이다.

나도 역시 수능을 준비할 동안 여러 가지 고민을 했었다. 어떻게 하면 4가지 영역 점수를 모두 올릴 수 있을까, 실수를 어떻게 하면 줄일 수 있을까, 잠은 얼마나 자야할까, 수능 당일에는 어떻게 해야 할까 등등. 고민도 하고, 선배님들께 물어 보기도 했었다. 그러나 그 시절에는 뾰족한 방법이 보이지 않았다. 그냥 문제집 풀고, 공부 하고, 교과서 읽고 하루하루를 열심히만 보냈었다. 그러나 수능을 보고 대학에 온 지금은, 나의 고3 시절을 객관적으로 되돌아 볼 수 있게 되었다. 그 당시에 내가 해보니 정말 좋았던 방법과 고쳤으면 더 좋았을 나쁜 습관들은 이제 여러분들에게 알려주고 싶다. 이 조언들을 무기로 삼고 수능을 준비 한다면, 훨씬 더 좋은 결과가 여러분을 기다리고 있을 것이다.

언어영역

많은 아이들이 가장 고민하는 과목이 아닐 수 없다. 나도 그렇고, 내 주위의 많은 친구들도 언어영역 때문에 울고 웃었다. 여러분이 가장 난감해 하는 점은 공부량과 점수가 비례 하지 않는다는 것이다. 정말 속이 터질 일이다. 점수를 올리려면 공부를 하고 노력을 해서 올려야 하는데, 아무리 문제집을 풀고 교과서를 읽어 보아도 점수는 제자리 걸음이고, 시험 난이도에 따라서 점수는 널뛰기를 한다. 게다가 점수가 잘 나오는 친구들은 항상 잘나오고 안 나오는 친구는 항상 안 나온다. 그렇다면 이 영역을 어떻게 정복해야 하는가.

첫째, 독서를 많이 해야 한다.
물론 엄청나게 많이 들어본 잔소리일 것이다. 그렇지만 언어영역을 정복하기 위한 가장 중요한 방법이다. 언어영역이 무엇인가? 지문을 읽고, 해석하는 과목 아닌가. 그러므로 지문만 잘 읽고, 이해하기만 하면 된다. 그리고 지문을 바탕으로 작자의 의도를 예상하면 3점짜리 문항도 문제없다. 또한 여러분이 언어영역이 끝나면 가장 많이 하는 소리가 '아, 시간이 너무 모자랐어' 이다. 아무리 실력이 좋으면 뭐하나, 뒤에 2, 3지문 못 읽으면 점수는 이미 뚝 떨어져있는데. 시간이 모자란 문제를 해결하는 것도 독서이다. 독서를 자주 해서 속독이 훈련이 되면, 지문을 쭉쭉 읽어 내려 갈 수 있다. 언어 영역 점수가 잘 나오는 친구에게 비결을 물어봤을 때, '뭐 그냥 읽고, 푸는 건데' 라고 말하는 이유가 여기에 있다. 나는 수능 시험 3일 전까지 항상 자기전에 소설책을 읽다가 잠이 들었다. 그것이 수능 때 얼마나 도움이 되었는지 모른다. 다시 한 번 말하고 싶다. 책을 많이 읽자.

둘째, 문제집을 잘 활용하라.

언어영역 문제 유형은 10가지 내외로 정해져 있다. 주제를 찾아라, 지문과 다른 내용을 골라라, 시나리오를 소설로 바꿔 보았을 때의 효과는 등등. 모의고사를 몇 번만 보고, 조금만 신경써서 확인해 본다면 금방 알 수 있을 것이다. 이런 때 문제집이 필요하다. 문제집은 두 가지 종류가 있다. 유형별로 문제를 묶어놓은 문제집과, 모의고사 회수별로 묶어놓은 문제집이 있다. 유형을 익힐 때는 첫 번째 문제집을 활용한다. 각 유형을 철저히 익혀서 모의고사나 수능을 볼 때 당황하지 말고 자신감 있게 풀자. 그리고 평소에 꾸준히 회수별로 묶어 놓은 문제집을 풀어 감각을 잃지 않도록 하자. 문제집은 절대로 쌓아 놓고 많이 풀으라고 있는 것이 아니다. 유형을 익히고, 감각을 잃지 말라고 있는 것이다.

수리영역

수리영역은 자연계 학생에게 있어서 가장 중요한 영역이다. 수능을 보고 나서 대학에 원서를 쓰려고 입시 요강을 보면 항상 수리영역 점수를 가장 많이 반영한다. 그렇게 중요한 과목인 만큼 수험생들의 부담도 엄청날 것이다. 수리영역은 어떻게 정복할 것인가?

첫째, 정석을 많이 풀어라.

이제 정석은 옛날 유형이고, 구식이라는 말을 하는 사람이 있다. 그러나 그것은 하나만 알고 둘은 모르는 사람이 하는 소리이다. 정석에 있는 문제가 수능에 나오기 때문에 푸는 사람은 아무도 없다. 정석은 수리 영역에 있는 전 범위의 기본을 확실히 다지기 위해 있는 것이다. 7차 교육과정에 들어서, 수리 영역에 주관식도 늘어나고 문제도 이론 중심이 아닌 창의적인 사고를 요하는 문제로 많이 바뀌었다. 그러나 기본 이론을 모른다면 창의적인 사고나 응용은 커녕 손도 댈 수가 없다. 수학은 암기가 바탕이 되지 않으면 아무것도 할 수 가없다. 그 기본을 쌓는데 가장 도움이 되는 것이 정석이다. 일단 정석을 두 번만 풀어 보고 수리 영역을 풀어보라, 창의적인 사고를 요하는 문제도 훨씬 잘 풀릴 것이다.

둘째, 틀린 문제를 또다시 풀어보라.

물론 여러분이 한 번 풀어봤던 문제가 수능에 나오는 일은 없을 것이다. 그러나 자신이 틀렸던 문제는 정말 중요하다. 보통 틀린 문제가 있으면 답지를 확인하고, '아, 이래서 틀렸구나'하고 넘어간다. 하지만 며칠만 있다가 다시 비슷한 문제를 풀어보면 또다시 틀리고 만다. 오답노트를 만드는 것은 선택사항이다. 물론 오답노트에 여러 가지 장점이 있다. 하지만 시간을 엄청나게 소비한다는 단점도 있다. 나는 오답노트를 만드는 대신에 같은 문제집을 꼭 두세 번씩 풀었다. 틀린 문제가 있으면 틀렸다는 표시만 하고 답은 적어 놓지 않는다. 그런 상태로 처음부터 틀린 문제만 다시 풀어보면 오답노트를 만드는 것보다 시간이 절약된다. 중요한 것은 한번 틀린 문제를 확실하게 알고 넘어가는 것이다.

외국어 영역

조금만 생각해보면 외국어 영역만큼 쉬운 과목이 없다. 외국어 영역은 자신이 쉽게 올릴 수 있는 과목이다. 외국어 영역 역시 평소 실력이 가장 중요하다. 외국어 영역의 문제 유형은 가장 간단하다. 또한 지문 길이도 언어영역에 비해 훨씬 짧다. 결국 간단한 지문을 '해석'하기만 하면 된다. 그렇다면 어떻게 해야 하는가?

내가 가장 효과를 봤던 방법은 평소에 수능 난이도 보다 훨씬 더 어려운 공부를 해 놓는 것이다. 절대 조급해 하지 마라. 수능 문제집 풀이는 고3, 2학기 때 해도 절대르 늦지 않는다. 중요한 것은 고등학교 1, 2학년 만약 이때가 지났다면 고3, 1학기 때라도, 수능 지문보다 훨씬 어렵고 긴 지문을 꾸준히 읽어 놓는 것이다. 나는 토플 지문을 추천한다. 지문 길이도 수능 지문 길이의 두배 쯤 되고, 난이도도 조금 더 어렵다. 이런 지문으로 공부를 하다, 수능 문제를 보니 정말 편했다. 수능 난이도 보다 조금 더 어렵게 공부해 놓자.

과학탐구영역

과학 탐구 문제는 절대로 어렵지 않다. 물리 I,II를 제외 한다면 나머지 화학, 생물, 지구과학은 말 그대로 암기 과목이다. 아, 물론 암기를 하기 전에는 반드시 이해가 선행된다. 이해를 먼저 한 다음, 외울 것을 외운다면 효과는 100% 이다. 암기를 싫어한다고 해서 이해만 하고 넘어가겠다면 그것은 오산이다. 과학은 외워야 하는 과목이다. 외울 것은 외워서 이를 토대로 사고하는 과목이 바로 과학이다. 7차에 들어서, 과탐의 각 과목이 20문항으로 바뀌었다. 따라서 실수는 치명적이다. 다른 영역에서의 실수도 물론 안타깝지만, 과탐영역에서의 실수는 문항수가 적어서인지 훨씬 더 가슴이 아프다. 실수를 줄이자. 또한 평소에 교과서를 꾸준히 읽어보자. 수험생들이 흔히 하는 실수가 바로 요약집만 반복해서 읽거나, 공식만 보는 습관을 가지는 것이다. 물론 요약집도 필요하지만 그것은 정말 수능이 임박해서 짧은 시간에 총정리를 하면서 읽어볼 때이다. 과학에서 중요한 것은 흐름이다. 각 과목의 처음부터 시작해서 글로 써있는 과정을 반복해서 읽는다면 이해가 쉽게 되고, 시험 보기 전에 중요하게 공부해야할 것이 보이게 된다. 교과서를 자주 읽자.

여가시간 활용 & 건강관리

엄청난 입시 스트레스를 받는 수험생 생활에 여가 시간 관리는 매우 중요하다. 고3 때 여가 시간이 얼마나 되겠느냐고 생각하기 쉽지만, 조금만 생각하면 매우 많다는 것을 곧 깨달을 수 있을 것이다. 매 수업시간 마다 끼어 있는 10분의 쉬는 시간, 점심, 저녁 식사시간, 토요일, 일요일, 각종 공휴일. 지금 생각해보면 그냥 흘려보낸 시간이 너무나도 많다. 물론 그 시간 내내 공부만 하라는 것도 아니고, 마냥 놀으라는 것도 아니다. 그 시간을 잘 활용해야 한다는 것이다. 내가 써 봤고, 또 주위의 친구들이 써 본 아주 좋은 여가 시간 활용을 소개하겠다.

쉬는 시간

10분밖에 안 되는 매우 짧은 시간이다. 그러나 흘려보내기에는 매우 아깝고, 또 공부를 하자니 너무 짧다. 어떻게 활용하면 좋을까? 우선, 쉬는 시간은 수업시간 사이에 끼어 있는 시간이다. 가장 좋은 방법은 그 전 수업을 복습하는 것이다. 내가 해본 바로는 예습보다 복습이 더욱 효과적이다. 그 전 시간에 배운 내용과 교과서를 훑어보면 종치자마자 책을 탁 덮는 것보다 훨씬 기억이 오래간다. 또 수업시간에 의문 나는 점을 질문하거나 잠시 생각해 본다면 더욱 유익한 시간을 보낸 것이다. 이렇게 하는데 불과 3~4분밖에 걸리지 않는다. 나머지 시간은 당연히 친구들과 수다를 떨어야 한다. 친구들과 장난을 치고 이야기하는 것은 절대 시간 낭비가 아니다. 가장 즐거운 시간이고, 또 입시 스트레스를 견딜 수 있는 가장 큰 힘이 되어주는 시간이다.

점심, 저녁시간

50분이라는 길고도 짧은 시간이 주어지는 때이다. 이 시간을 활용하는 가장 좋은 방법은 물론 밥을 아주 맛있게 먹는 것이다. 수능은 체력전이라는 말이 있다. 공부도 힘이 있고, 에너지가 충만해야 잘할 수 있는 것이다. 수험 생활을 하다보면 까닭 없이 피곤하고, 아무것도 하기 싫고, 책의 글자가 눈에 안 들어오는 괴로운 슬럼프가 반드시 찾아온다. 슬럼프의 가장 큰 요인은 바로 체력 저하이다. 점심시간에 밥 먹는 시간이 아까우니, 나는 그 시간동안 문제를 풀겠다. 그런 생각은 절대 금물이고, 위험한 생각이다. 식당이나 바깥에서 밥을 먹는다면 오가면서 걷는 운동이 큰 도움이 된다. 하루 종일 많은 시간을 앉아만 있어야 하는 생활에서 걷기 운동은 큰 활력이 된다. 만일 도시락을 싸 왔다면 식사를 다 하고 치우는데 넉넉하게 잡아도 20~30분이 걸릴 것이다. 그렇다면 나머지 20~30분은 각자가 좋아 하는 일을 하자. 체력이 좋은 남학생이라면 농구 한게임을, 요즘 피곤하다면 달콤한 낮잠을, 아 물론 부족한 과목 공부도 좋다. 단!!! 주의할 점은, 다음 수업시간에 지장이 없어야 한다는 것이다. 식사 후의 졸림도 점심시간 안에 해결하고 산뜻한 마음으로 다음 수업 시간에 임할 수 있도록 한다.

주말, 공휴일

누구에게나 주말을 헛되게 흘려보내고 후회한 경험이 있다. 토요일에는 시간이 엄청나게 남아 있다고 생각되지만, 수업이 대략 1시쯤에 끝나고, 2시정도 까지 점심식사 하고, 나른한 오후에 조금 졸아주고 책 좀 보려하면 벌써 어둑어둑 해진 6시, 저녁 먹고 조금 있으면 8시, 이제부터라고 공부를 시작해도 되지만 벌써 황금같은 토요일은 다 가버렸다. 주말이 소중한 이유는 부족한 과목을 보충할 수 있다는데 있다. 평일에는 5시에 수업 끝나고, 저녁 먹고 나서 매일 해야 할 공부 조금 하고 나면, 어느덧 10시. 정말 시간이 없다. 그러므로 토요일은 정말 중요한 시간이다. 약점인 과목이나 잘 못하던 단원을 정복해야 수능 점수를 올릴 수 있다. 토요일 계획은 토요일에 짜서는 안 된다. 평소에 공부를 하다가 더 깊이 집중적으로 공부해야 할 부분을 미리 계획을 세워 놓아야 한다. 계획을 세울 때는 반드시 한, 두 과목만 정해 놓도록 하자. 그렇지 않다면 모든 것을 주말로 미뤄버리고 정작 주말엔 바빠서 허우적댈 수가 있다. 휴일이나 주말엔 평소 깊이 못 공부했던 과목을 공부하고 너무 많은 계획을 세워 놓지 않는다.

자기 관리 노하우

나도 힘든 고3 생활을 겪으면서 많은 것을 느꼈다. 고3 때의 나의 습관 중에 정말 후회할 습관도 있었고, 여러분들에게 꼭 추천해 주고 싶은 습관도 있었다. 고3 시절동안의 나만의 노하우를 공개하겠다.

첫째, 수업을 꼭 들어라.

고3 쯤 되면, 진도도 거의 다 나갔고, 학교 수업을 중요하게 여기지 않기 쉽다. 내 주위에서도 그런 친구들을 많이 봤다. 수업을 듣느니 차라리 그 시간에 문제집을 풀거나 자신의 공부를 한다. 그러나 그런 방법은 절대 금물이다. 일단, 선생님께서 앞에서 수업을 하시는데 다른 문제를 푼다면 집중력은 매우 떨어지게 된다. 따라서 아무리 50분 동안 공부를 했어도 끝나고 보면 해 놓은 양은 얼마 없을 것이고, 또 많이 했다고 하더라도 기억이 오래 남지 않는다. 수업시간에 하는 내용도 어차피 공부하고 또 다시 공부해야 할 내용이므로, 차라리 수업을 잘 듣고, 또 아는 내용이었더라도, 확실히 외우는 시간이 되도록 하자.

둘째, 잠을 충분히 자라.
나는 오히려 고1, 2때보다 고3때 잠을 많이 잤다. 이것은 내가 자신 있게 추천하는 방법이다. 부담이 비교적 적은 고1, 2때는 공부를 깊이 하느라고 잠을 적게 자도 비교적 다음날 부담이 적다. 그러나 컨디션 조절이 매우 중요한 고3 때는 전날의 무리가 이틀, 사흘을 갈 수 있다. 나는 꼭 12시 취침, 7시 기상을 지켰다. 여기에 낮의 한 시간 정도의 낮잠이면 8시간 수면을 유지할 수 있다. 친구들 중에는 꼭 항상 무리를 하고 다음날 몹시 피곤해 하는 친구가 있다. 이런 습관은 아주 비효율적이고 자신에게도 고생이다. 꼭 잠을 충분히 자고 맑은 정신으로 하루를 보내자.

셋째, 일요일은 푹 쉬어라.
아무리 공부를 열심히 해야 할 시기지만, 1주일 내내, 한 달 내내 공부를 하기는 힘들고, 또 그렇게 할 수도 없다. 사람은 중간에 쉬어야만 일의 능률이 올라간다. 월요일부터 토요일까지 열심히 공부했으므로 피로도 많이 쌓였을 것이다. 일요일에 아예 공부를 하지 말라는 것이 아니라, 비교적 편한 마음을 가지고 하루를 좀 즐겁게 보내라는 것이다. 교회나 성당에 다닌다면 일요일에는 교회나 성당에 집중하기를 추천한다. 또한 취미 생활이 있다면 하는 것도 좋다. 일요일에 에너지를 재충전하고, 다시 월요일부터 힘찬 공부를 시작하자.

넷째, 마음을 편하게 먹어라.
각박한 고3 생활 때문에 마음이 황폐해지고 조급해 지기 쉽다. 마음을 편하게 먹어라. 공부를 편하고, 적게 하라는 말이 아니다. 지금 주위를 둘러보면 항상 안절부절 못하고 불안해하는 안쓰러운 친구들이 보일 것이다. 마음을 편하게 먹는다고 공부를 적게 하는 것이 아니다. 마음이 편해야 글자도 더 눈에 잘 들어오고 공부도 더 오래 할 수 있다. 쉬는 시간이면 낙천적이고 밝은 친구와 자주 이야기 해 봐라. 힘이 날 것이다. 또 마음이 급하면 실수를 하기 쉽다. 모의고사를 볼 때, 누구나 한 두 번 쯤 실수를 경험해 보았을 것이다. 실수가 얼마나 뼈아픈 것인지 모두 알 것이다. 실수는 조급하고 불안한 가운데서 나온다. 마음을 편하게 먹자.

다섯째, 책상에 격언이나, 닮고 싶은 인물의 사진을 붙여 놓는다.
나는 책상에 아이슈타인과 플랑크, 슈뢰딩거, 보어, 파울리 등 여러 과학자들이 나온 사진들을 붙여 놓았다. 물리 교과서에 플랑크 상수, 화학교과서에 파울리의 배타일리 등이 나올 때마다 얼마나 공부가 잘 됐었는지 모른다. 이런식으로 자신감을 얻고 추진력을 얻는다면 공부가 더욱 잘 될 것이다. 꼭 사진이 아니더라도, 자신의 좌우명 혹은 격언을 붙여 놓는다면 큰 힘을 얻을 것이다.

이상으로 나의 경험을 말하였다. 힘든 고3 생활이지만 나중에 생각하면 큰 추억이 될 것이다. 노력하라 그러면 이루어 질 것이다. 나보다 노력을 적게해도 점수가 잘 나오는 친구를 부러워하지 말아라. 머리 좋은 것이 축복인 만큼 노력 많이 하는 것도 축복이다. 여러분의 미래를 밝게 하는 것은 수능 점수가 아니라 여러분의 노력이다. 자, 미래를 향해 파이팅!!!

시간은 금이다!

김미연 서울대 경영학과

수험생 여러분은 시간 관리에 신경 쓰셔야 합니다. 한과목, 한과목이 소중한 이 시점에서 어느 특정 과목만을 파고들어 공부하면 다른 여러 과목은 점수가 떨어지고 총점 상으로는 열심히 했음에도 불구하고 엄청 많이 떨어진 것처럼 보이죠. 이것은 시간 관리를 효과적으로 하지 못한 것입니다. 수험생에게 주어진 시간은 제한되어 있습니다. 하지만 해야 할 것은 산더미이지요. 이런 제한된 상황 속에서 최대한 점수를 많이 올리려면 모든 과목에 고루고루 시간을 투자하되, 부족한 과목은 추가적인 시간을 내서 공부량을 늘려 가야합니다.

저는 일단 공부 스케쥴 다이어리를 만들어서 시간 관리에 유용하게 쓸 수 있도록 했습니다. 언어, 수리, 외국어, 사탐 각 과목별로 표를 만들어서 하루마다 문제집을 얼마나 풀어야 하는지 정해놓고, 했으면 동그라미 안했으면 엑스표를 쳐가며 각 과목별 공부 진행상황을 확률로 표시해났습니다. 매일매일 일정량을 푼다고 할 때, 18일 만에 끝낼 수 있는 문제집이면 3/18, 4/18... 이렇게 진행량을 써서 한 눈에 확 알아볼 수 있게 말이죠.

그리고 일주일을 주기로, 매일매일 공부할 과목에 조금씩 변화를 주었어요. 월수금은 ABC, 화 목 토는 ABDE 일요일은 못한 것, 부족한 것 보충. 물론 이런 계획들을 다 지켰다고 하면 그것은 거짓말이겠죠. 그래도 이렇게 자신만의 계획을 세우면 하루하루의 소중함을 느끼게 됩니다. 우리는 "하루쯤 놀아도 어때, 수능은 한참~ 뒤인데" 하고 체감합니다. 하지만 일주일 계획을 짜 놓으면 단 하루를 어겼을 때, 다음 계획에 계속 누적이 되고 계획한 목표가 자꾸 연기되는 것이 명확하게 보이기 때문에 되도록 지키려고 노력하게 되지요. 그리고 한 문제집을 오랫동안 질질 끄는 것보다, 일정 기간을 어림잡아서 목표 설정해두고 그 목표 내에 확실하게 끝내는 것이 효과적입니다. 왜냐하면 맨 처음에 공부했던 것을 다 잊어버리지 않고 한 바퀴 재생 할 수 있기 때문에 보다 체계적으로 볼 수 있는 안목이 생기게 되거든요. 몇 개월이나 걸려 문제집을 풀고 끝낸 다음에, 뿌듯한 마음으로 첫 장을 다시 넘겨보는데 생소한 문제들이 반긴다면... 황당하겠죠.

틈틈이 영어단어 공부나 어휘, 맞춤법 책을 보는 것도 오래 쌓이면 효과적입니다. 공부시간에 책상 한구석에 영어 단어책을 꺼내 놓고 수업 중 선생님이 쉴 때나 쉬는 시간에 단어책을 보며 환기를 시켜주면 기억도 잘 되고, 하루에 10단어씩만 외우려고 노력해도 일주일에는 60단어나 외운 것이죠! 등교시간이나 하교시간을 이용해도 좋아요. 전 암기에 약해서 자주 봐줘야 하는 취약점이 있어서 하교시간마다 버스 안에서 국사위주의 사탐공부를 하곤 했습니다.

마지막으로 당부하고 싶은 것은, 수험생으로서 슬럼프를 겪어보지 않은 학생은 정말 한명도 없을 거라고 생각합니다. 열심히 했는데도 결과가 나쁠 때가 있어요. 그럴 때는 좌절하지 마시고 끝까지 용기를 잃지 마세요. 그리고 좋지 않은 결과에 집착하는 것은 금물! 다시 새롭게 시작을 해봐요. 친구들과 놀러간다 거나 오락을 한다거나 여행을 가서 기분전환 해보는 것도 좋습니다. 저도 소위 '필받는다' 할 때는 가끔 야자도 땡땡이 치고 친구들과 주변 번화가를 가서 즐겁게 놀았지요. 매일매일 노는 것은 삼가야하지만, 가끔 기분전환으로 놀아주는 것은 스트레스도 해소되고 새로운 각오로 임할 수 있는 시간도 가질 수 있기 때문에 유용합니다. 자기가 원하는 대학의 사진을 책상에 붙여놓거나 미리 방문해 보며 탄력을 받는 것도 괜찮은 방법입니다.

성적은 노력한 만큼 나오게 되어있습니다. 끝까지 최선을 다한 사람만이 웃을 수 있는 것이지요! 좀 안 나온다고 처음부터 공부를 접어놓으면 안 되지만, 잘나온다고 중간에 딴청부려서는 더욱 안 되지요. 꾸준한 노력만이 살길입니다!

언어영역

평소에 책을 꾸준하게 읽지 않았던 학생이라면 언어영역에 많은 어려움을 느낄 것입니다. 게다가 언어영역의 점수 향상 비결은 바로 어휘력에 있습니다. 국어의 기본 골격을 이루는 어휘력을 풍부하게 하려면 우선 한자를 많이 알아야 하지요. 하지만 그 방대한 한자의 영역 속을 귀차니즘에 빠져버린 우리 한국 청소년들이 자진해서 들어가려고 할까요? 다른 과목 할 시간도 모자라 허우적대는데 한가하게 책이나 읽고 있을 시간이 있을까요? 고3 때 하루아침에 언어 영역의 제왕이 되는 희망은 역시나 쉽게 이루어지 않습니다.

저도 사실은 언어 영역이 부족해서 많이 고생했습니다. 언어는 하루아침에 쉽게 성과가 보이지 않는, 올랐다가도 쉽게 추락해버릴 수 있는 그런 버라이어티한 과목이지요. 고1 때까지만 해도 공부 안 해도 웬만한 기본 점수는 나올 수 있는 그런 편한 과목었지만 고3 때는 아무리 공부해도 절대 쉽게 점수가 잘 나오지 않는 골치 아픈 녀석으로 돌변합니다. 순했던 언어가 갑자기 사나운 괴물로 변신하는 것이지요. 처음에는 우리가 매일 사용하는 한글로 시험을 보는 과목이니만큼 안일하게 대처해도 그럭저럭 효과를 볼 수 있었지만, 결국은 언어가 가장 넘기 힘든 에베레스트 산이라는 것을 미리 아셔야 합니다. 전 수능전에 다른 영역은 일단 점수에 그리 큰 변화가 없었지만 언어영역 변동폭이 무지하게 커서, 모의고사만 보면 언어 영역을 어떻게 봤느냐에 따라 그 시험을 잘 쳤는지 못 쳤는지를 예감할 수 있었습니다. 그리고 아시다시피 수능은 언어영역이 1교시로 첫 테입을 끊는 순간입니다. 수능은 기 싸움입니다. 문제를 푸는데 1교시 언어영역 처음부터 말리면 기분이 상해버리고 컨디션이 점점 하락하면서 수능의 기세에 밀리게 됩니다. 그러면 자기의 평소실력을 발휘도 못하고 그동안 열심히 보낸 1년을 허송세월로 보내 버릴 수도 있겠죠? 그러므로 수능의 첫 시험 언어영역, 꼭 잘 쳐야 합니다. 여러분 언어를 포기하지 마세요.

그럼 이 골치 아픈 녀석을 잡기위해 사냥을 나서보실까요? 우선 언어는 크게 문학과 비문학으로 나뉠 수 있습니다. 문학은 또 소설, 시, 희곡, 수필로 나누어지지요. 비문학은 듣기, 말하기, 쓰기, 어휘, 맞춤법 요런 것으로 세분화됩니다. 이런 각 분야별로 자기가 부족한 점을 찾아서 공부하는 것이 필요하지요. 요즘은 서점에 각 출판사마다 세분화된 문제집이 많이 나와있더군요.

언어는 '양치기'하는 것도 살짝 필요합니다. 기본적으로 아는 것도 없이 무슨 문제를 풀겠다는 것인가요! 기본기를 튼튼히 쌓아줘야 낯선 문제에도 넘어지지 않을 수 있답니다. 일단 다량의 시와 소설 작품들의 주제나, 문체상의 특징, 시대적 의의, 전개방식, 문학사(文學史)상에서의 의의—소설의 경우는 인물, 배경, 사건, 이런 요소 등에도 주의해서—를 짚고 넘어갑니다. 일단 웬만한 여러 가지 다양한 주제들을 습득하고 나면 모르는 소설이 나와도 '아하~ 이것은 ×××와 비슷한 주제구나, 구성이구나, 시대적 배경을 지니고 있구나, 작가가 같구나……등'의 생각들을 하면서 활용할 수 있게 됩니다.

국어역시 기본적인 이론을 공부하는 것이 중요합니다. 문학 서술 구조나, 시, 어휘, 맞춤법등. 또 모르는 문제가 있으면 끝까지 짚고 넘어가야합니다. "내가 왜 틀린 것일까?"하고 자문하면서 깊게 생각해보는 과정을 통해서 다음에는 그런 유형의 문제를 틀리지 않도록 합니다. 중도에 포기해버리면 남는 게 없어요. 자기 스스로 공부하는 과정이 꼭 필요합니다. 더욱 심도 있는 공부방법등에 관해서는 전문 강사님의 조언을 귀담아 들어야 합니다.

언어영역은 차분하게 공부해나가면, 승리할 수 있는 과목입니다. 워낙 언어영역이 다루고 있는 분야가 방대해서 어느 한 세부 분야에 치중하지 말고 골고루 다 짚어보며 균형 있게 아는 것이 필요하지요. 뒤에 평소에 독해나 문학에만 치중해서 그 부분 문제들은 다 맞았는데 앞의 듣기나, 맞춤법, 쓰기에서 조금조금 틀리면 너무 속상하겠죠? 점수 비중이 낮다고는 해도 만점을 위해서는 그런 부분까지 신경써줘야 합니다. 단기간 내에 점수가 쉽게 빨리 오르지는 않으니 조급해 하지마세요. 열심히 했는데도 점수가 오르지 않고 침체되어있는 것은 — 오히려 하락 할 수도 — 모든 수험생들의 공통된 경험이라고 봅니다. 저 역시 상당히 고생을 했으니까요. 참고로 언어영역의 제왕이셨던 제 은사님은 어렸을 때부터 지금까지도 평소에 책을 일주일에 3~4권 보시는 독서광이셨다고 합니다. 저 같은 평소에 책을 읽지 않았던 학생은 열심히 노력하는 수밖에 없지요. 매일 매일의 꾸준한 언어영역 공부로 언어에 대한 감을 갈고 닦으면서 노력하면 여러분도 할 수 있습니다.

수리영역

수리영역은 일단 기초가 없으면 뼈도 못 추리는 과목입니다. 아무리 어렵고 어려운 문제를 평소에 많이 풀어 놨다고 해도, 정작 수능에서 요구하는 건 간단한 수학 명제를 겉모습만 어렵게 꼬아놓은 것이 대부분일 것입니다. 따라서 처음부터 무턱대고 어려운 문제를 풀어서 좌절하고 수학을 싫어하게 도는 극악의 상황보다는, 수학 교과서에 나와 있는 기본 정리와 그에 관련된 기본 유제를 차근차근 이해해나가면서 체계적으로 지식을 갖추어 나가는 것이 필요합니다. 그래서 나중에는 어떤 문제를 봤을 때, '이것은 어느 단원에 있는 어느 개념을 응용한 문제이다. 따라서 문제 풀이방식은 이러이러한 유형을 사용하면 되겠구나.' 이정도가 되면 50%는 다 맞은 거라고 볼 수 있어요. 일단 한 문제를 접근하기만 하면 그 다음부터는 열심히 풀기만 해나가면 되니까요. 하지만 이렇게 문제를 접근해서 푸는 방법을 알아냈다고 해도, 많은 학생들은 문제 푸는 과정에서 간단한 계산 실수를 하고야 맙니다. 너무도 간단한 계산 실수! 그것은 중학생이나 심지어 초등학생도 풀 수 있는, 덧셈과 뺄셈 계산이라는 것을 여러분 모두 공감하실 거예요. 모의고사를 채점했을 때 "아는 문제인데 왜 틀렸을까?" 해답을 봐도 자기와 문제 풀이과정은 유사한데 말이죠. 문제는 마지막의 덧셈, 뺄셈입니다. 마지막 2% 부족한 것은 조급하게 문제를 푼 나머지 실수한 것이지요. 학생들은 "실전에서는 실수 안하면 되지" 라고 안심하는 경향이 있지만 실수도 실력이라는 것 아시죠?

조급하게 서두르기 보다는 차분하게 여유를 갖으세요. 그렇다고 문제 푸는 시간에 졸지는 마세요. 조급해하다보면 문제에서 주어진 유의사항 등이나 중요한 힌트 등을 놓칠 수가 있고, 사소한 계산에서 틀릴 위험이 큽니다. 시험 전에 마인드 컨트롤을 통해 문제를 풀수 있다는 자신감을 가지세요! 그 동안 열심히 해왔어도 정작 시험 시간에 긴장한 나머지 제 실력을 발휘하지 못하면 낭패입니다. 따라서 침착하게 '나는 할 수 있다'는 마음가짐이 중요합니다. 그동안 열심히 했으니 수능 때는 실력 발휘 하셔야죠. 윗 쪽에서 수능은 기싸움이라는 거 말했죠? 자기 마음먹기에 따라 ±10 점 정도는 변할 수 있다고 봅니다. 긴장한 나머지, 학원에서 1년을 더 보내야한다면... 가슴이 아플겁니다.

개인적으로 저는 수학을 좋아해서 수학 문제 풀기를 좋아했었습니다. 좋아하게 되면 자주 관심을 갖고 오랜 시간을 저절로 보내게 되니깐 점수도 잘 나왔구요. 왜 숫자와 수식들로만 이루어져있는 딱딱한 수학을 좋아하는가? 하고 물으신다면, 풀이과정은 여러가지라도 답은 딱 하나로 귀결되는 확실성과 명확성 때문에 매료된 것이지요.

외국어 영역

'영어로 곱게 포장해놓은 언어영역' 이게 바로 외국어 영역의 별명이랍니다. 외국어 영역은 언어를 다룬다는 점에서 언어영역과 비슷해요. 그래서 언어를 잘하는 사람이 외국어 영역도 잘한다고 하더군요. 물론 영어를 잘 한다는 가정 하에서 말이에요. 어릴 적 외국에서 살다가 와서 영어 발음도 유창하고 아는 단어가 많은 사람도 외국어 영역에서 점수에서 그다지 높은 점수를 받지 못하는 경우가 있습니다. 왜냐하면 독해력이 부족하면, 텍스트를 그대로 읽고 해석할 수 있다고 해도, 그 텍스트 속에 숨은 정보까지는 간파해내지 못하기 때문입니다 바로 "행간을 읽는다"라고 하지요? 점수 비중이 높은 어려운 문제들은 상당한 독해력을 요구하기 때문에, 영어를 읽고 해석 할 줄 안다고 해도 독해력을 기르지 않으면 바로 만점으로 가기는 쉽지 않습니다.

자 그럼 독해력을 어떻게 기르는가? 그것은 역시 많은 독서량이 필요합니다. 이는 언어영역과 마찬가지이지요. 영어로 된 글을 많이 읽으면 여러모로 유용합니다. 저는 특히 수능 문제집을 많이 풀면서 다양한 분야의 글을 읽고, 예전에는 몰랐던 새로운 사실이나 정보들을 얻을 수 있었어요. 단 이 과정에서 우리들은 반드시 모르는 단어나 구문 등을 상시 체크해야 합니다. 따라서 해석이나 단어풀이가 되어있지 않은 원서 책은 일단 멀리두시고, 일반 독해 문제집을 푸는 것이 좋아요. 요즘은 이야기와 이쁜 삽화들로 엮여져있는 재미있는 독해집도 많이 나와 있더라구요. 보기 좋은 떡이 먹기도 좋다고, 디자인이 잘 된 문제집이 풀 마음도 잘 생기고 좋아요. 그리고 많은 독서량과 더불어 간단한 리딩스킬을 기르는 것이 필요합니다. 수능 독해 문제집에 자세하게 설명되어 있을거에요. 문제 유형이나 텍스트의 성격에 따라(설명문, 논설문, 기사문, 문학글, 서신글) 방법적으로 접근하면 속도를 줄일 수 있죠. 수능은 미리 유형이 정해진 시험이니깐 그런 유형을 미리 파악해 놓는 것이 좋아요.

요새는 외국어 영역의 난이도가 예전에 비해 높아졌습니다. 장문 독해 문제도 있고, 문법 문제 수도 많아지고(2005 수능에서 갑작

스레 많이 출현한 문법 문제에 많은 학생들이 당황해버렸다지요...), 전체적으로 어휘 수준이 상승했지요. 듣기 역시 속도도 빨라지고 세련된 회화 구문들도 많이 나오고 있습니다. 그만큼 학생 여러분의 부담이 높아졌지만, 구세대(?)에 비해 나날이 늘어가는 신세대들의 영어실력을 반영한거랍니다. 자랑스러워하셔야 해요.

저는 즐겁게 영어실력을 쌓기 위해서 팝송 가사를 따라 불러봤어요. 맨 처음에는 'Westlife'같은 발음이 느린 발라드 계통의 노래를 따라 부르는 게 쉬워요. 자기가 좋아하는 가수일 수록 잘 외워지고 영어 단어 외우기도 쉽죠? 저는 Britney Spears를 좋아해서 브리트니의 빠른 댄스곡을 따라 부르려니 처음에는 혀도 마구 꼬이고 잘 안되었는데... 나중에는 잘 따라 부를 수 있었어요. 특히 브리트니처럼 빠른 노래는 영어의 연음화 현상이나 발음상 특징들을 몸소 체험하고 느끼게 된다는 점에서 익숙해 질 수 있어서 좋아요. 구어체도 막 배울 수 있구요. 가사 중에 모르는 단어도 사전 찾아서 알아봤구요. 의외로 모르는 단어가 무지 많답니다. 한번 여러분도 좋아하는 뮤지션의 노래 가사의 뜻을 한글로 번역해보세요. 여러분의 피가 되고 살이 됩니다.

대학교때는 원서를 이용해서 수업을 하는 강의가 많기 때문에 왠만큼의 영어실력이 정말 필요합니다. 게다가 사회에 나가서 경쟁력을 기르려면 영어실력이 정말 중요하지요. 지금 하는 영어 공부는 수능을 위해서일 뿐만 아니라, 미래를 위한 투자이기도 합니다. 멀리 보는 혜안을 갖자구요. 외국어 영역을 쟁취합시다.

사회탐구영역

7차 수능과정에서부터 사회탐구 영역은 11개의 세부 선택과목으로 나누어졌습니다. 거기서 어떤 과목을 공부하느냐 하는 것은 수험생 여러분의 자발적인 선택으로 이루어져야 하지만 현실적으로 다소 무리가 있죠. 저는 국사, 한국지리, 법과사회, 경제를 선택했는데, 경제는 개인적으로 정말 좋아라하는 과목이라 열심히 했구요, 법과 사회도 암기는 많았지만 법학이라는 새로운 분야가 신선해서 마음에 들었어요. 국사와 한국지리는 1학년 때부터 학교에서 계속 해오던 거라 선택했습니다. 과목 선택에 있어서 학교에서 관리해주는 과목을 토대로+α(자기가 좋아하는 과목)를 적절히 조합하시면 될 거에요.

일단 사탐공부는 단기간에 끝낼 수 있으므로, 방학 때 집중적으로 하는 것이 최고지요! 저는 겨울방학 때 사탐을 개념정리 한바퀴 돌리고, 학기중에는 문제풀이 조금씩 하고.. 다시 여름방학 때는 수능을 대비해서 총정리를 했어요. 개념정리 탄탄하게 하시고, 마지막에는 문제집 맨 앞에 나와 있는 목차를 보면서 이 단원에는 어떠한 내용이 들어가는지 머릿속으로 확인해보는 것도 유용한 공부방법입니다.

그리고 사탐은 오답노트를 정리해가며 공부했어요. 수능 몇주 전 마지막에는 모의고사를 거의 매주 보고 정신이 없을 겁니다. 근데 문제 풀고 틀린 문제를 그냥 버리면 금덩어리 낭비하는 거에요. 출제자들이 학생들에게 의미 있는 지식이나, 꼭 알아야 할 중요한 내용을 선별해서 문제화 한 것인데 그런 것을 그냥 버리면 아까비..

모의고사 사탐 100문제 중에서 자기가 틀린 문제만 몇 개 모아도 나중에는 방대한 량이 된답니다. 그러므로 자기만의 오답노트를 만들어서 수능 며칠 전에 총정리 할 때 유용하게 쓰세요.

오답노트를 만드는 방법은 문제랑 해설을 각각 붙이고 '그 문제가 어느 단원에 속하는지, 내용상 추가할 것'을 간략하게 필기해 놓으면 됩니다. 너무 이쁘게 하려고 하지는 마세요.(90도 각도를 유지하는 직사각형으로 꼼꼼히 오리거나, 풀칠을 꼼꼼히 하거나...-- ;) 시간 낭비됩니다. 그리고 오답노트 페이지를 적당히 4등분해서 인덱스 붙여놓는 것을 잊지 마시구요. 선택 4과목끼리 문제들이 섞이면 자기가 모르는 과목을 집중적으로 할 수도 없고 여기저기 산재해 있어서 머릿속에 잘 들어오지도 않아요. 굳이 이쁘게 붙일 필요는 없지만 문제들을 과목별로 정리해놓아야 나중에 활용할 때 쉽게 찾아볼 수 있겠죠?

사탐은 단기간에 끝내는 것이니만큼 시간을 충분히 투자하면 그만큼 성적이 오르는 것이 확연히 보여요. 일단 여름방학 정도면 웬만큼은 다 진도를 끝냈을 것이니깐요, 이제 수능 전까지 꾸준한 복습과 반복을 통해서, 누수현상(아는 것을 까먹는 것)만을 방지하면 됩니다. 사탐에서 200점 얻고 가셔야지요! 파이팅~

규칙적인 생활이 가장 중요!

고영준 중앙대학교 의과대학

나는 학창시절에 수기를 읽는 것을 좋아했다. 수기에는 정말 좋은 공부방법이 있었기 때문이기도 하지만 그 보다는 수험생활을 마친 사람들이 쓰는 이야기를 읽으면서 그 사람들의 과거와 나도 같은 상황에 있다는 것에 동질감을 느끼기도 하고 짧은 구절에 왠지 모를 힘이 나고는 했다. 그런 내가 이제는 수기를 쓰는 입장에 있으니 감회가 새로울 뿐이다. 그저 이 글을 읽는 사람들의 수험생활에 내 이야기에 조금이나마 도움이 되었으면 하는 바람이다.

수험 생활에서 가장 중요한 것은 단연 규칙적 생활이다. 불규칙적 생활리듬 속에서 제대로 된 공부가 될 리 없기 때문이다. 규칙적 생활을 하기 위해서는 우선 자신에 대한 파악을 하고 그에 맞는 생활계획이 이뤄져야한다. 나는 집에서나 독서실 같이 좁은 공간에서 공부하는 것이 맞지 않아 학교에서 모든 공부를 하기로 결정했고 고3 내내 학교에서 야간 자율학습을 했다. 그리고 워낙 잠이 많아서 잠을 줄이는 것이 불가능하다고 판단하고 6시간에서 7시간

정도 잠자는 시간을 확보해 놓았다. 그렇다 보니 학교에서 야간 자율학습을 마치고 집에 오자마자 잠을 잤다. 어떻게 보면 수험생으로서 공부시간 확보가 부족하다고 할 수 있지만 공부시간에 최대한 집중했고 생활 규칙을 철저히 지켰기 때문에 최고의 효과를 거둘 수 있었다고 생각한다.

수험생들에게 한 가지 조언을 한다면 학교 수업을 꼭 추천하고 싶다. 사람들마다 학교 수업이 맞는 사람도 있고 맞지 않는 사람도 있겠지만 고3 생활동안 수업시간을 따져보면 결코 짧은 시간이 아니기 때문에 수업 시간에 수업을 듣지 않고 다른 과목을 공부한다든가 잠자는 것보다는 수업에 집중하면서 그 과목에 대해서 다시 한번 되새기고 정리함으로써 공부효율을 더 높일 수 있을 것이다.

공부를 하다보면 가끔씩 내가 왜 이걸 하고 있나 하는 자문에 빠지고 우울 해 질 때가 있다. 나는 그럴 때마다 합격의 순간에 기뻐하고 있을 나의 모습을 상상하면서 어느 새 기운을 되찾았던 기억이 난다. 결국 나는 대학 합격의 기쁨을 맛보았다. 이 순간 돌이켜 보면 수험생활 동안 힘든 일, 즐거운 일 모두 좋은 추억이 되었다. '지금 힘든 것은 지나고 나면 아무것도 아닐 것이다'라고 크게 생각하고 수험 생활을 우울하게 보내기 보단 긍정적으로 생각하고 즐겼으면 한다. 그리고 마지막 순간에 후회가 남지 않도록 매 순간에 최선을 다 했으면 한다.

언어영역

사전을 가지고 다니면서 모르는 단어를 찾거나 매일 꾸준히 독서를 하는 등 근본적인 방법이 언어영역 공부의 정석일 것이다. 하지만 그 모든 것을 다 하는 것이 나에게는 쉽지 않았기 때문에 중요한 것만 하려고 노력했다. 과거 수능 기출 문제들을 풀어보고 한 문제씩 분석을 했다. 이 때 어떤 지문이 나왔는가도 중요하겠지만 문제의 유형을 살펴보면 공통되는 부분을 찾을 수 있다. 따라서 어떤 유형의 문제가 나왔을 때 어떤 방식으로 문제를 풀 것인지 생각하면서 문제에 대한 적응도를 높일 수 있다.

수리영역

수리영역은 한 마디로 논리다. 정해진 여러 이론을 바탕으로 그것들을 연관시키고 체계적으로 정리해서 문제를 푸는 것이다. 결국 공부해야 할 것은 이론을 익히는 것, 그리고 그것들을 연관시키는 능력을 키우는 것이다. 우선 이론을 익히는 것은 기본이다. 이 때 중요한 것이 교과서다. 과거 수능 수석자 인터뷰에 항상 빠지지 않는 말이 있다. 바로 교과서에 충실했다는 말이다. 너무 당연하고 쉬운 말이지만, 나는 그 말이 그저 우스갯소리로 들리지 않았다. 교과서에 담긴 것은 곧 고등학교 교육과정의 기본적인 내용이고 대학의 교수님들과 고등학교 선생님들께서 고등학생들에 맞게 논리적으로 쉽게 풀어 쓰셔서 기본에 관한 한 어느 책보다 완벽하다 할 수 있다. 나는 이렇게 교과서에 써 있는 이론에 대한 논리적 설명을 이해하고 기본서를 통해 기본적인 문제들을 풀어보면서 이론을 확실히 다져 놓았다. 기본을 충실히 닦았으면 문제에 적용을 할 줄 알아야 한다. 여기서 필요한 것이 문제풀이다. 수학은 무조건 많은 문제를 풀어야한다고 양으로만 밀어붙이려는 사람들도 있지만 무작정 많은 문제를 푸는 것은 아무런 도움도 되지 않으며 결국엔 한계가 있다. 실제로 수능 시험에는 새로운 유형의 문제가 많이 출제되기 때문이다. 따라서 문제풀이를 할 때는 문제 마다 기본적 내용이 무엇인지 확인하고 그것들이 어떻게 응용되었는지 확인해야한다. 이를 통해 부족한 기본을 보충하고 문제 응용력을 키울 수 있을 것이다.

외국어 영역

기본적으로 어휘와 듣기는 꾸준히 하는 것이 필요하다. 나는 어휘는 따로 공부시간을 할애하는 것은 시간낭비이므로 수첩 같은 곳에 정리해서 이동하는 중에 익혔고 듣기는 매일 10분에서 20분정도 했다. 가장 어려웠던 것이 문법이다. 확실히 안 익히면 항상 헷갈리기 때문이다. 그래서 나는 문법을 분야별로 나누어 대표적인 문제들을 각각 붙여 정리했고 그것들만 익혀도 문법 문제는 쉽게 해결되었다. 마지막으로 독해에 관해서는 속도가 중요하기 때문에 많이 읽는 것이 중요하다고 하지만 방법도 중요하다고 생각한다. 나는 독해 할 때 주어, 서술어, 목적어나 보어 등 문장 요소 별로 나누어서 직독직해 하는 연습을 했다. 이렇게 하면서 의미도 분명히 들어오고 문법도 동시에 공부할 수 있었다.

과학탐구영역

과학 역시 수학과 마찬가지로 논리적인 사고과정이 필수적이다. 수학처럼 기본을 이해하고 문제에 적응할 수 있는 능력을 키우는 것이 중요하다. 특히 실험의 중요성이 매우 높다. 실험을 보고 이것이 어떤 이론에 해당하는 것인지, 실험의 주의사항은 무엇인지 등을 확실히 익혀야 한다. 그러나 실험이 워낙 많기 때문에 교과서에 있는 실험들을 우선 모두 정리하고 그 외에 중요한 실험들을 추가해서 정리해 놓아야 한다. 그리고 실생활 문제에서 연관시켜보는 것도 중요하다. 과학이 우리 생활과 밀접하게 관계되어 있기 때문에 단원마다 생활에서 나타나는 현상들과 연관시켜 보는 것도 많은 도움이 된다.

나의 좌우명은 진인사 대천명(盡人事 待天命)이다. 자기가 할 수 있는 한 최대의 노력을 한 후에 그 밖의 일은 운명에 맡기자는 뜻이다. 지금도 이 말은 나에게 생각해보는 것만으로 힘을 주지만 수험생활 내내 공부할 때마다 도움이 되었던 말이다. 이 말이 정말 수능 시험에 딱 들어맞는 말이 아닐 수 없는데, 수능시험의 특성상 한 번에 끝나는 시험이기 때문에 평소 실력과 점수가 많이 생기는 이변이 일어날 수밖에 없다. 따라서 나는 수능시험을 치르는 순간까지 자신이 할 수 있는 공부를 비롯한 컨디션 조절까지 모든 노력을 다한 뒤에 나오는 결과는 운명으로 받아들이자고 이 말을 자의적으로 해석하곤 했다.

하지만 이 말에 담겨있는 중요한 전제는 자신이 할 수 있는 최대의 노력을 다 한다는 것이다. 지금 생각해봐도 '내가 더 노력할 수 있었는데'하고 후회할 부분이 많은 걸보면 정말 사람이 할 수 있는 모든 노력을 했을 때 그 결과는 최고일 수밖에 없다는 생각이 든다.

하루 하루 다가오는 시험의 압박, 반복되는 일상 속에서 수험생은 불안을 느끼고 우울해지기 쉽다. 이 때 중요한 것이 자신감이다. 나는 자기 암시 효과를 추천한다. 자기 암시 효과라는 것이 어떻게 보면 일종의 최면 같은 것일 수 있는데 그 위력은 정말 대단하다. '나는 하나도 안 힘들다. 이 생활이 즐겁다'라고 생각하는 것만으로도 갑자기 닥쳐오는 불안감이 어느 새 사라져 버리곤 했다. 또 '내가 최고다, 내가 못 푸는 문제는 이 세상에 없다'라고 자기 속으로만 일지라도 반복해서 말하다 보면 자기도 모르게 자신감에 가득차 있게 된다. 자기 암시 효과 외에도 평소에 자주 웃는 것을 추천하고 싶다. 한 연구에 의하면 기분과 상관없이 웃는 표정을 짓는 것만으로도 엔돌핀이라는 즐거울 때 나오는 면역물질이 몸속에 증가한다고 하는 것처럼 공부하는 게 힘들어도 자주 웃고 하다보면 건강도 챙기고 기분도 덩달아 즐거워 질 수 있을 것 같다.

수험생이라고 하루 종일 앉아서 책만 보는 것이 좋은 것이 아니다. 오랜 시간 정적인 자세를 취하고 있으면 몸에 피로가 쌓일 수밖에 없다. 이렇게 몸에 피로가 쌓이면 공부를 하는 데도 지장이 생긴다. 따라서 시간을 쪼개어 간단한 운동을 하면서 몸을 풀어줄 필요가 있다. 점심시간, 저녁시간마다 남는 시간을 아예 운동시간으로 정하고 친구들이랑 농구를 했다. 근데 가끔씩 너무 무리해서 수업시간이나 자습시간에 땀을 식히느라 시간 소비도 하고 피곤해서 잠을 잔 때도 있다. 이렇게 공부에 영향을 줄 정도로 무리한 운동은 자제하고 몸에 쌓인 피로를 풀어주고 스트레스를 해소해 줄 정도로만 하는 것도 중요하겠다.

강력 추천! 오답노트의 힘!!

이진명 연세대학교 인문대학

언어영역

내가 수능 바로 직전까지 고생을 했던 부분이 바로 언어영역이었다. 하지만 끝까지 포기하지 않고 열심히 했던 것이 수능때 빛을 발한 것 같다. 언어영역을 공부할 때 가장 필요한 자세는 바로 '꾸준함'이다. 공부할 것은 많고 시간은 점점 줄어들면서 마음이 조급해져서 공부의 효과가 바로 나타나지 않는 언어영역에는 관심을 점차 줄여가는 친구들이 있다. 하지만 나의 경우, 하루에 적어도 지문 세 개 정도는 꾸준히 풀어봄으로서 언어에 대한 감을 잃지 않도록 노력했다. 또 문학과 비문학을 고루 읽어 한쪽에 치우치지 않도록 했다. 나는 지문을 약 30초내에 한번 훑은 다음 문제를 보고, 다시 지문을 꼼꼼히 읽는 공부방식을 택했는데. 문제의 보기만 보아도 답이 나오는 경우가 많기 때문이다. 물론, 처음에는 시간이 꽤 걸려 과연 효과가 있을까 조바심이 들기도 했다, 하지만 꾸준히 연습한 결과, 1교시 언어영역 시간에 긴장으로 인해 평소때보다 지문에 더 많은 시간을 들이게 되었을 때 톡톡히 덕을 보았다. 언어영역은 시간싸움이라는 말이 있을 정도로 언어영역 시간에는 시간 배분이 가장 중요하다. 만약 긴장감 등과 같은 변수로 시간이 예상보다 많이 소요되었을 경우, 앞에서 말한바와 같은 방법은 문제를 먼저 파악하고 역으로 지문에서 문제에 대한 답을 찾아 나감으로서 시간을 절약할 수 있다. 문학의 경우, 아주 단순한 것처럼 보이지만 서술상의 화자의 태도를 살피는 것이 중요하다. 문학 지문의 경우, 수능때에는 전혀 접해보지 못한 생소한 지문이 출제되기 쉬운데 작가의 서술이 긍정적인가 부정적인가를 먼저 살핀다면 지문의 내용을 파악하는데 큰 도움이 될 것이다.

수리영역

수리영역 공부의 핵심은 역시 '오답노트'이다. 공부 초기에는 많은 문제를 접해보지 못했기 때문에 오답노트의 중요성을 깨닫지 못하는 경우가 많다. 나 역시도 그러하였다. 하지만 공부의 마무리 단계에 오면 시중에 나온 문제집들 대다수가 비슷한 유형이기 때문에 문제를 풀고 있으면 시간낭비라는 생각이 들게 된다. 이 때, 오답노트의 진가가 발휘된다. 오답노트는 내가 약한 유형만을 골라 풀어볼 수 있을 뿐만 아니라 밑에 관련 공식을 써놓는다면 안외어지는 공식을 외우는 데에도 큰 도움이 된다. 또 특이한 방식으로 풀어서 쉽게 나오는 문제의 유형을 외워 둔다면, 수능 때 우연찮게 그 문제 유형이 나와 시간을 절약하는 행운을 얻기도 한다. 또 하나 중요한 것은, 풀이과정을 꼼꼼히 누구든 알아볼 수 있게 쓰는 것이다. 대부분이 자신만 알아볼 수 있도록 쓰면 된다고 생각하는데 이렇게 문제를 푸는 것이 습관이 되면 나중에 수리영역에서 큰 타격을 입기 쉽다. 수능이라는 것은 많은 선생님들이 장기간 연구하여 만든 고급의 문제들이기 때문에 접해보지 못한 문제들이 많이 출제된다. 그래서 시간이 모자라서 마킹을 다 못하는 경우가 생기기도 한다. 만약 답이 나오지 않았더라도 풀이 과정을 알아보기 쉽게 적어두었다면 어디서 내가 틀렸는지 쉽게 알 수 있다.

외국어 영역

7차 교육과정의 첫 수능 대상자였던 나는 고3 처음들어 수준이 급격히 높아진 외국어영역에 적잖이 당황을 했다. 단어의 수준이 높아졌을 뿐만 아니라 지문 자체의 양도 늘어났다. 또 처음 EBS교재가 수능에 출제되면서 문법이나 다의어, 숙어등의 비중이 상대적으로 높아졌다. 예전과는 달리, 단어의 뜻을 모르면 지문의 핵심내용을 파악할 수 없는 경우가 많아졌기 때문에 따로 단어책을 보는 친구들도 있었다. 하지만 나의 경우, 문제집을 풀거나 모의 고사를 풀면서 거기서 나오는 단어위주로 공부했는데 문제에 자주 나오는 단어가 따로 있었기 때문이다. 그리고 뜻을 아는 간단한 단어라도 해석하는 도중에, 맥락상 뜻이 맞지 않다면 사전을 찾아보는 습관을 길러야 한다. 간단한 단어라도 내가 알지 못하는 새로운 뜻이 있을 수도 있기 때문이다. 이는 나중에 다의어에 대한 자신감을 길러 준다. 마지막 스킬! 외국어 영역의 난이도가 높아지면서 시간이 모자르다고 하는 친구들이 많다. 이럴 때는 모의 고사 형식의 문제집을 골라 뒤의 긴 지문을 먼저 읽는 연습을 하는 것도 좋다. 상대적으로 뒤의 문제를 먼저 풀어놓으면 조급함이 많이 사라져 편안한 마음으로 시험에 집중할 수 있다.

사회탐구영역

사탐의 핵심은 뭐니뭐니 해도 '교과서'일 것이다. 나의 사탐점수의 변동이 심한 편이었는데 초기에는 그것이 문제를 많이 풀지 않은 것이 문제인 줄 알고 문제만 많이 풀어댔다. 하지만 곧 나의 문제가 그것이 아니라는 것을 깨달았다. 모의 고사나 문제집의 틀리는 문제를 분석해 본 결과, 나는 내가 틀리는 내용에서만 계속 틀리는 것이었다. 즉, 내가 약한 부분에서 문제가 나오면 점수가 확 내려가는 것이었다. 그러면서 내가 깨달은 것은, 자신이 모든 이론적인 내용에 자신이 있더라도 정기적으로 교과서나 자신이 교과서 대용으로 사용하는 참고서를 읽어야 한다는 것이다. 수능은 오랜 기간 공부한 것을 한 순간에 모두 꺼내놓을 수 있어야 한다. 그러므로 이론적인 내용을 자주 읽어 수능날 모든 내용이 전혀 낯설거나 헷갈리지 않을 수 있도록 해야 한다. 또 여러 가지 방법으로 사탐을 공부하다 보면 교과서에는 없는 내용들이 많이 나오는데 이럴땐 따로 노트에 정리하기 보다는 교과서에 그 내용과 관련된 부분을 찾아서 그 부근에 써두는 것이 좋다. 나는 사탐은 오답노트를 따로 만들지 않고 새로운 내용을 교과서에 적어두는 방법을 택했는데, 교과서와 오답노트 둘 다 포기 할 수 없는 영역인 만큼 교과서를 읽음으로서 오답노트를 같이 살펴보는 효과를 거둘수 있어 좋았다.

수능 시간표에 맞춰 공부하는 연습!

임채리 이화여자대학교 사회과학대학

제가 이런 수기를 쓰게 될 줄은 전혀 몰랐습니다. 좋은 기회가 되어서 제가 공부했던 방법들을 이렇게 글로 옮기게 되었는데요. 특별한 방법은 없지만 많은 도움이 되었으면 합니다. 공부에는 정말 요령이 필요 없는 거 같아요. 주변의 친구들을 봐도 그렇고 다른 친구들이 어떻게 공부를 하던지 자신이 해오던 방식대로 꾸준히 한 친구들이 자신이 원하는 대학에 간 경우가 많거든요. 공부기술은 따로 없는거 같고, 자신이 가장 맞는 방법을 빨리 찾아서 하는 것이 좋을 것 같습니다.

물론 고 3이 되면 약간의 요령이 필요한건 사실이예요. 그때가 되면 마음이 초조해짐과 동시에 공부할 양은 계속 많아지거든요. 고 3 땐 오답노트를 위주로 보고 아침에는 언어를 풀고 점심시간 후에는 외국어를 푸는 등 수능 시간표에 맞춰서 과목을 분배해 공부하는 것이 좋습니다. 그러면 바이오리듬이 적응이 되어서 더 좋은 성적을 낼 수 있거든요. 또한 모의고사 때는 수능과 달리 감독이 소홀하고 마음이 상대적으로 편안해 지는 게 사실입니다. 그래서 빨리 풀고 시험 도중에 화장실을 가거나 잠을 자는 경우가 있는데요. 그럼 수능때 습관이 되어서 화장실이 가고 싶어지고 잠을 자고 싶어집니다. 제 선배 한 분도 매번 사탐시간에 졸았다가 수능 때도 졸았다는 얘기를 들었거든요. 따라서 쉬는 시간에 화장실 다녀오시고 잠시 눈을 붙이는게 좋을 것 같습니다.

그리고 고3은 물론 고1, 2때 체력관리를 해 놓는 것이 가장 중요하다고 생각합니다. 저 같은 경우에도 알레르기성 비염 때문에 그저 환절기때 가끔씩 감기를 걸려주는 경우 외에는 아픈적이 없거든요. 그런데 고3때가 되니 좋은 음식만 먹고 또 많은 양을 먹어도 잠을 충분히 못 자게 되어서 몸이 많이 지치더라구요.

공부를 하다보면 스트레스를 받을 때가 있잖아요. 계속 교실에 앉아있는것도 한계가 있구요. 그래서 저희 반은 교실 뒤 사물함 위에다가 스탠드를 두었습니다. 졸릴 때 서서 공부를 하면 잠이 깨거든요. 또 낮에는 복도 창가에서 햇빛 받으며 공부하기도 하구요. 사실 계속 건물 안에만 있으면 몸이 더 피로해지고 건강에도 안 좋거든요. 그래서 전 날씨 좋은 날엔 운동장 스탠드에서 공부하기도 하고 운동장을 산책하면서 단어를 외우기도 하고 그랬습니다. 가을엔 햇빛도 너무 내리쬐지 않고 바람도 선선해서 전 거의 매일 혼자서 운동장 스탠드에서 공부를 했거든요. 나중엔 담임선생님께서 스탠드까지 오셔서 절 끌고 가시곤 했답니다. ^^ 하지만 친구와 같이 나가면 자연스레 놀게 되니까 혼자서 가끔씩 산책하는 정도가 적당할 것 같습니다.^^ 그리고 모의고사를 보거나 중간고사 기말고사를 보고 나면 피곤하잖아요. 그 날은 대부분의 학생들이 스트레스를 푼다고 밤 늦게까지 노는 경우가 많은데요. 그때 그때 스트레스를 푸는 것은 좋지만 공부의 흐름을 끊지 않기 위해선 집에 와서 책을 한자라도 보는 게 좋다고 생각해요. 설날이나 추석 같은 연휴가 지나고 학교에 가서 글씨를 쓰면 글씨가 잘 안 써지는 걸 경험해 보신 적 있죠? 공부도 똑같습니다. 조금씩이라도 꾸준히 하는 게 제일 중요한것 같아요.

스트레스를 받는 고3 교실에선 반 학생 모두 신경이 날카로운 경우가 많이 있는데요. 그럴 때 마음에 없는 말을 툭하니 뱉었다가 사이가 안 좋아지는 경우가 많습니다. 마음이 불편하면 자연스레 공부에도 집중이 되지 않거든요. 그래서 서로서로 조심스레 친구들에게 대하는 것도 중요하다고 생각해요. 다행히 저는 착한 아이들을 고3 때 만나서 그런 일은 없었지만 다른 반을 보면 반 분위기가 안 좋아질 정도로 심한 경우도 많거든요. 함께 하면 시너지 효과가 나기 때문에 힘들더라도 서로 도우면서 공부하시길 바래요. 사실 저희 반 여자아이들은 너무 스트레스를 받고 그걸 풀 방법을 찾다가 단체로 '춤바람'이 났거든요. 춤바람이라는게 나쁜 뜻의 그런게 아니라요, 그냥 화장실 가다가 갑자기 웨이브를 한다거나 체육시간에 무용실에서 음악을 틀고 춤을 추는 건전한 춤바람이요. 지금 생각하면 정말 유치한 행동들이었지만 그때는 친구들이 어설프게 하는 웨이브 동작을 보고 함께 웃기도 하고 유대도 생겨서 참 좋았거든요. 이런 '춤바람'이 고3 생활을 잘 극복하는데 원동력이 되었다는 생각도 듭니다. 그리고 그렇게 힘든 생활을 함께 웃으며 극복한 친구들과 수능이 끝난 지금도 한 달에 한번 정도는 만나거든요.

대학을 들어가기 위해 친구가 적이 되고 있다는 2008학년 입시가 시작되는 고1 학생들의 소식을 들으며 기분이 많이 착잡했습니다. 함께 공부해서 다 함께 좋은 대학에 들어 갈 수 있는 건데 그렇게 무한경쟁 속에서 공부 한다는건 너무나도 삭막하죠. 그러나 여러분이 조금만 노력하고 친구들과 함께 힘을 합치면 즐거운 학교생활을 만들 수 있습니다. 그리고 흔들게만 느껴지는 고3 생활을 잘 극복하시기 바랍니다. 막상 수능이 끝나고 성적표가 나오게 되면 잠도 못자고 공부만 하던 고3 생활이 더 낫다는 생각이 들게 돼요. 그때는 결과가 나오지 않아서 너 자신이 내 결과를 바꿀 수 있거든요. 그래서 다들 그때 놀지 말고 공부할 껄 하고 후회를 합니다. 성적이 잘 안나오게 되면 예전어 정말 잠깐 놀았던 것만 생각이 나거든요. 사실 제 자신도 후회를 많이 하고 있고요. 여러분은 결과가 나온 다음 후회를 하지 않으셨으면 합니다. 지금 조금 놀고 싶더라고 미래를 위해 조금만 참으세요. 여러분의 순간순간의 선택이 미래의 여러분의 모습을 좌우합니다!! 아자!!

언어영역

언어 모의고사를 푸실때는 시간을 정해놓고 진짜 시험처럼 집중해서 푸는 게 가장 효과적이라고 생각해요. 물론 언어도 오답노트를 만들어야겠죠. 저는 어휘쪽이 약해서 어휘에 관련된 문제집을 거의 대부분 다 봤거든요. 또한 국어교과서 뒤에 붙어있는 '한글맞춤법 표기안'도 공부를 했었습니다. 그리고 마지막에는 어휘 오답노트를 많이 활용했었죠. 그리고 아침에는 언어듣기 테잎을 사서 따로 공부를 했었습니다. 언어듣기에서도 틀리는 경우가 간혹 있거든요. 문학작품은 외우시지 마시구요, 푸는 법을 익히시는 게 가장 중요하다고 생각합니다. 출제자의 의도를 파악하는 건 정말 중요하구요. 처음부터 모든 걸 얻을 순 없기 때문에 꾸준히 언어 문제를 풀면서 알아 가셔야 할 것입니다. 그리고 지문을 보기 전 문제를 먼저 읽는 습관을 들이셔야 합니다. 그럼 더 빨리 문제를 풀 수 있거든요. 특히 위의 언급된 것과 틀린것을 혹은 맞는 것을 찾아라 라는 문제는 먼저 답지를 읽고 지문에서 하나하나 확인하면서 찾는게 가장 정확하고 빠른 방법입니다. 그리고 수능에선 비문학과 문학이 같은 비율로 출제가 되거든요. 그래서 전 비문학 풀고 문학풀고 다시 비문학 푸는 식으로 공부를 했습니다. 계속 비문학만 풀게 되면 앞에 풀었던 지문과 지금 푸는 지문이 헷갈리는 경우도 있거든요. (물론 같은 영역의 지문이라면) 그리고 언어를 망하게 되면 다음 교시의 수학도 망하는 경우가 많기 때문에 수능은 물론이고 모의고사를 볼 때에도 쉬는 시간에 답을 맞추는 건 좋지 않습니다.

수리영역

고1, 2학년 말까지는 수학에 대한 기본적인 지식을 알아야 한다고 생각합니다. 저도 처음에는 교과서를 보지는 않았지만 나중에 고3 때 다시 교과서를 보았거든요. 이건 흔히 말하는 '교과서만 봤어요' 가 아니구요. 가장 기본적인 공식들이 쉽게 설명되어 있는 것이 교과서인거 같더라구요. 요즘 정석이나 개념원리와 같은 기본서가 시중에 많이 나와 있기는 하지만, 거기에도 공식 설명이 교과서보다 너무 개략적으로 나와 있어서 별로라고 생각했습니다. 그리고 고3 봄부터 오답노트를 만들었습니다. 고3 때 여러 종류의 문제들을 많이 풀지만 틀리는 유형은 정해져 있거든요. 그래서 마지막에는 새 문제집은 사지 않고 오답노트만을 활용했었습니다.

외국어 영역

외국어는 단어가 생명입니다. 독해와 듣기 모든 부분에서 단어만이 정말 살 길입니다. 그래서 저도 단어를 많이 외우려고 노력했었구요. 그리고 저희때는 이어동사가 처음 도입되어서 그 부분을 중점적으로 다뤘습니다. 주로 EBS교재에서 나왔던 이어동사를 따로 정리해서 외웠는데 막상 수능엔 나오지 않아서 많이 당황했죠. 그리고 모의고사를 풀때 47번 정도부터 있는 긴 장문 지문을 먼저 풀었습니다. 나중에 시간이 없으면 딸려있는 두 지문을 다 풀수도 없을 수 있기에 가장 어렵고 시간이 많이 걸리는 그 맨 뒤 지문을 먼저 풀었습니다. 그리고 문법을 풀었구요. 문법도 학생들이 가장 어려워하는 부분인데요. 저는 문법 부분은 따라 단어처럼 정리를 했습니다. 또한 오답노트 만드는 걸 잊어먹지 않았구요. 그래서 집에 오가며 단어와 그 문법들을 보곤 했습니다. 그리고 듣기에는 왕도가 없는 것 같아요. 꾸준히 듣는 수 밖에 없을 것 같습니다.

사회탐구영역

흔히들 사탐은 여름방학때 끝내면 된다는 소리가 있잖아요. 실제로 그건 불가능 합니다. 여름방학 전에 사탐을 손 대지 않고 있다가 여름방학부터 사탐을 한다는 것은 6차 과정에서나 통하던 말이었어요. 실제로 많은 선배들이 여름방학 사탐 특강반으로 사탐공부를 끝냈거든요. 그러나 7차는 다릅니다. 최고 4과목을 선택하는 만큼 더 자세히 알아야 하기 때문이죠. 그래서 이왕이면 1, 2학년때 자신이 공부할 과목을 정한 다음 자신이 좋아하는 한 과목이라도 정리를 해놓는게 좋을 것 같습니다. 그리고 나머지는 고3 겨울방학부터 정리를 하면서 문제를 풀어야 합니다.

저 같은 경우는 국사, 한국지리, 법과 사회, 사회문화를 선택했는데요. 국사는 워낙 1, 2학년때 못해서 포기하려 했다가 학교에서 지정된 과목이여서 하게 되었는데 거의 개념도 잡혀있지 않은 상태여서(국사가 싫어서 2학년때 손도 안댔거든요) 인터넷 강의를 들었습니다. 가장 기초적인 개념 세우는 강의를 듣기 시작하면서 밤마다 열심히 들었거든요. 남들보다 많이 뒤쳐져 있다는 생각에요. 아 인터넷 강의 선생님은 대부분 다 잘 가르치십니다. 저는 친구들에게 물어보고 맘에 드는 분으로 그냥 골랐거든요. 그래서 그 선생님 코스대로 죽 계속 강의 들으며 여름방학 때 까지 보냈습니다. 그 사이사이 계속 꾸준히 문제집을 풀었구요. 이렇게 기본적으로 국사를 해왔지만 그 사이사이 다른 과목도 꾸준히 공부했습니다. 이렇게 국사를 했어도 여름방학 때 담임선생님이 모의고사 국사 점수를 보시고 국사 공부 좀 하라는 말씀까지 들었었거든요. 사탐이던 과탐이던 단기간에 오를 수 가 없기 때문에 그저 계속해서 제 방법대로 공부를 했습니다. 결국 수능에서 좋은 결과를 얻었죠. 그리고 법과 사회는 EBS 강의를 많이 들었습니다. 물론 다른 과목들도 EBS 인터넷 강의를 많이 이용했죠. 저희때가 처음 EBS를 도입해서 중요하기도 했지만 가장 좋은 선생님들이 EBS에서 강의를 하시기에 강의의 질이 절대 떨어지지 않습니다. 그리고 모든 사회과목은 따로 오답노트를 만들었구요. 막판엔 오답노트 정리하는것만으로도 정신이 없었습니다.

서울대 선정 도서 100선

한국문학
1. 고전시가선집
2. 연암산문선
3. 구운몽(김만중)
4. 춘향전
5. 한중록
6. 청구야담
7. 무정(이광수)
8. 삼대(염상섭)
9. 천변풍경(박태원)
10. 고향(이기영)
11. 탁류(채만식)
12. 인간문제(강경애)
13. 정지용전집
14. 백석시전집
15. 카인의 후예(황순원)
16. 토지(박경리)
17. 광장(최인훈)

외국문학
18. 당시선(이백시선.두보시선 포함)
19. 홍루몽(조설근)
20. 노신선집
21. 변신인형(왕몽)
22. 마음(나쓰메 소세키)
23. 설국(가와바타 야스나리)
24. 일리아스.오딧세이아(호메로스)
25. 변신(오비디우스)
26. 그리스비극선집
    (소포클레스 등 포함)
27. 신곡(단테)

28. 그리스로마신화
29. 셰익스피어(Hamlet, Macbeth,
    TheTempest, As You Like it
    등 포함)
30. 위대한 유산(디킨스)
31. 주홍글씨(호손)
32. 젊은 예술가의 초상(조이스)
33. 헉클베리핀의 모험(트웨인)
34. 황무지(엘리엇)
35. 보바리 부인(플로베르)
36. 스완네 집 쪽으로(프루스트)
37. 인간조건(말로)
38. 파우스트(괴테)
39. 마의 산(토마스 만)
40. 변신(카프카)
41. 양철북(그라스)
42. 돈키호테(세르반테스)
43. 백년동안의 고독(마르께스)
44. 픽션들(보르헤스)
45. 고도를 기다리며(베케트)
46. 카라마조프 형제들
    (도스토예프스키)
47. 안나 카레니나(톨스토이)
48. 체호프 희곡선

동양사상
49. 삼국유사
50. 금강삼매경론(원효)
51. 퇴계문선(이황)
52. 율곡문선(이이)
53. 다산문선(정약용)

26
Monday

27
Tuesday

28
Wednesday

29
Thursday

30
Friday

31
Saturday

January
1
Sunday

2
Monday

3
Tuesday

4
Wednesday

5
Thursday

6
Friday

7
Saturday

8
Sunday

9
Monday

10
Tuesday

11
Wednesday

12
Thursday

13
Friday

14
Saturday

15
Sunday

16
Monday

17
Tuesday

18
Wednesday

19
Thursday

20
Friday

21
Saturday

22
Sunday

23
Monday

24
Tuesday

25
Wednesday

26
Thursday

27
Friday

28
Saturday

29
Sunday

30
Monday

31
Tuesday

February

1
Wednesday

2
Thursday

3
Friday

4
Saturday

5
Sunday

6
Monday

7
Tuesday

8
Wednesday

9
Thursday

10
Friday

11
Saturday

12
Sunday

13
Monday

14
Tuesday

15
Wednesday

16
Thursday

17
Friday

18
Saturday

19
Sunday

20
Monday

21
Tuesday

22
Wednesday

23
Thursday

24
Friday

25
Saturday

26
Sunday

27
Monday

28
Tuesday

March

1
Wednesday

2
Thursday

3
Friday

4
Saturday

5
Sunday

6
Monday

7
Tuesday

8
Wednesday

9
Thursday

10
Friday

11
Saturday

12
Sunday

13
Monday

14
Tuesday

15
Wednesday

16
Thursday

17
Friday

18
Saturday

19
Sunday

20
Monday

21
Tuesday

22
Wednesday

23
Thursday

24
Friday

25
Saturday

26
Sunday

27
Monday

28
Tuesday

29
Wednesday

30
Thursday

31
Friday

April
1
Saturday

2
Sunday

3
Monday

4
Tuesday

5
Wednesday

6
Thursday

7
Friday

8
Saturday

9
Sunday

10
Monday

11
Tuesday

12
Wednesday

13
Thursday

14
Friday

15
Saturday

16
Sunday

17
Monday

18
Tuesday

19
Wednesday

20
Thursday

21
Friday

22
Saturday

23
Sunday

24
Monday

25
Tuesday

26
Wednesday

27
Thursday

28
Friday

29
Saturday

30
Sunday

1
Monday

2
Tuesday

3
Wednesday

4
Thursday

5
Friday

6
Saturday

7
Sunday

8
Monday

9
Tuesday

10
Wednesday

11
Thursday

12
Friday

13
Saturday

14
Sunday

15
Monday

16
Tuesday

17
Wednesday

18
Thursday

19
Friday

20
Saturday

21
Sunday

22
Monday

23
Tuesday

24
Wednesday

25
Thursday

26
Friday

27
Saturday

28
Sunday

29
Monday

30
Tuesday

31
Wednesday

1
June
Thursday

2
Friday

3
Saturday

4
Sunday

5
Monday

6
Tuesday

7
Wednesday

8
Thursday

9
Friday

10
Saturday

11
Sunday

12
Monday

13
Tuesday

14
Wednesday

15
Thursday

16
Friday

17
Saturday

18
Sunday

19
Monday

20
Tuesday

21
Wednesday

22
Thursday

23
Friday

24
Saturday

25
Sunday

26
Monday

27
Tuesday

28
Wednesday

29
Thursday

30
Friday

1
July

Saturday

2
Sunday

3
Monday

4
Tuesday

5
Wednesday

6
Thursday

7
Friday

8
Saturday

9
Sunday

10
Monday

11
Tuesday

12
Wednesday

13
Thursday

14
Friday

15
Saturday

16
Sunday

17
Monday

18
Tuesday

19
Wednesday

20
Thursday

21
Friday

22
Saturday

23
Sunday

24
Monday

25
Tuesday

26
Wednesday

27
Thursday

28
Friday

29
Saturday

30
Sunday

31
Monday

1
Tuesday

2
Wednesday

3
Thursday

4
Friday

5
Saturday

6
Sunday

August

7
Monday

8
Tuesday

9
Wednesday

10
Thursday

11
Friday

12
Saturday

13
Sunday

14
Monday

15
Tuesday

16
Wednesday

17
Thursday

18
Friday

19
Saturday

20
Sunday

21 Monday

22 Tuesday

23 Wednesday

24 Thursday

25 Friday

26 Saturday

27 Sunday

28 Monday

29 Tuesday

30 Wednesday

31 Thursday

1 Friday

September

2 Saturday

3 Sunday

4
Monday

5
Tuesday

6
Wednesday

7
Thursday

8
Friday

9
Saturday

10
Sunday

11
Monday

12
Tuesday

13
Wednesday

14
Thursday

15
Friday

16
Saturday

17
Sunday

18
Monday

19
Tuesday

20
Wednesday

21
Thursday

22
Friday

23
Saturday

24
Sunday

25
Monday

26
Tuesday

27
Wednesday

28
Thursday

29
Friday

30
Saturday

1
Sunday

October

2
Monday

3
Tuesday

4
Wednesday

5
Thursday

6
Friday

7
Saturday

8
Sunday

9
Monday

10
Tuesday

11
Wednesday

12
Thursday

13
Friday

14
Saturday

15
Sunday

16
Monday

17
Tuesday

18
Wednesday

19
Thursday

20
Friday

21
Saturday

22
Sunday

23
Monday

24
Tuesday

25
Wednesday

26
Thursday

27
Friday

28
Saturday

29
Sunday

30
Monday

31
Tuesday

November
1
Wednesday

2
Thursday

3
Friday

4
Saturday

5
Sunday

6
Monday

7
Tuesday

8
Wednesday

9
Thursday

10
Friday

11
Saturday

12
Sunday

13
Monday

14
Tuesday

15
Wednesday

16
Thursday

17
Friday

18
Saturday

19
Sunday

20
Monday

21
Tuesday

22
Wednesday

23
Thursday

24
Friday

25
Saturday

26
Sunday

27
Monday

28
Tuesday

29
Wednesday

30
Thursday

1
Friday

December

2
Saturday

3
Sunday

4
Monday

5
Tuesday

6
Wednesday

7
Thursday

8
Friday

9
Saturday

10
Sunday

11
Monday

12
Tuesday

13
Wednesday

14
Thursday

15
Friday

16
Saturday

17
Sunday

18
Monday

19
Tuesday

20
Wednesday

21
Thursday

22
Friday

23
Saturday

24
Sunday

25
Monday

26
Tuesday

27
Wednesday

28
Thursday

29
Friday

30
Saturday

31
Sunday

January

1
Monday

2
Tuesday

3
Wednesday

4
Thursday

5
Friday

6
Saturday

7
Sunday